U0458222

邓炘炘

著

司马迁与『项羽之死』

上海三联书店

对于过去，无论我们详知或略知，普通的感觉总以为过去本身是简单的，只是从前曾经发生的种种事物而已。但实际问题并不像一般人，甚至许多历史学家，所想象的那样简单。我们若细加推敲，追问从前发生的一切究竟如何，问题立刻就来了。并且是愈钻研，发现问题愈多。

雷海宗①

当一件人们原本确信无疑的史实遭到质疑之时，它就成了最令人感兴趣、并给人留下持久印象的东西。

亚当·斯密②

---

① 雷海宗（1902～1962），字伯伦，中国历史学家；主要著作《中国通史》《西洋通史》《西洋文化史纲要》等。此处引语见雷海宗：《中国的兵》，北京：中华书局，2012年，第1页。
② 亚当·斯密（Adam Smith，1723～1790），英国经济学家、哲学家、作家；主要著作《国富论》《道德情操论》等。商务印书馆2014年出版了《亚当·斯密全集》（共七卷）。此处引语见亚当·斯密：《修辞与文学演讲录》，石小竹译，北京：商务印书馆，2014年，第139页。

前　　言

　　楚汉时期（公元前 206—前 202 年）的霸王项羽最后究竟死于何处何地？这是一个问题。由此出发，自可开启各式各样的探究、解惑或者辨思之旅行。

　　本稿对《史记》有关项羽之死的叙事文本做了一番研究分析，从历史地理、逻辑修辞、史学/文学语法以及民间艺术与戏剧等不同领域和角度展开辨识、推想和讨论，得出了一些不同于传统主流认知的结论与判定。比如，《史记》中"霸王别姬"、项羽与乌江亭长的"江边对话"等情节，并非历史真实发生，而属于故事传说；后世人津津乐道的项羽"不肯过江东"，乃司马迁的艺术编撰；《史记》实际写了两个项羽：一个是基于可信史料的"真"项羽，另一个则是司马迁笔下的艺术形象，等等。

司马迁撰写《史记》，并未止笔于忠实记录史实，亦不单凭成败论英雄，更不以为统治君王提供执政借鉴为最高追求。作为卓越的思想者和提问人，司马迁通过展现众多传主人物的生平和命运，欲究天人之际、通古今之变，始终执着地叩探人生的价值意义以及人性人心之复杂与多面。他将历史记述和文学书写融合得浑然一体了无隔膜。"项羽之死"正是这样一个精彩和典型的实例。

本稿非"正统"历史研究或文艺评论，某种程度上，它更贴近媒介学观察分析。本书作者欲借此具体案例，来呈现、推介乃至拓展批判性阅读/研究之思维和方法，故跳出一般学理文章型范，以一系列悬置的问题来引导和串接各章节之叙事，尽力寓阐发于轻松有趣之娱乐中。读者不妨视本书阅读过程为一趣味智力游戏。

本稿曾刊于《传播、文化与政治》杂志①，此次出版有内容和文字修改。

本书谨献给王秀卿、陈韵兰、邓畴。

2021 年 8 月 24 日，邓炘炘记于北京。

---

① 邓炘炘：《批判性阅读与辨思：司马迁与"项羽之死"》，《传播、文化与政治》第 12 期，2020 年 12 月，第 135—227 页。

目
录

一　引子

　　国内学人对西楚霸王项羽最后究竟身死何地一直争论不休。一派观点认为项羽死在东城①，另一派认为他死在乌江②。两派观点的核心根据都源自司马迁《史记》。

　　《史记·项羽本纪》写到：（项羽）"五年卒亡其国，

---

① 计正山：《项羽究竟死于何地》，《光明日报》1985 年 2 月 13 日，史学版。冯其庸：《项羽不死于乌江考》，《中华文史论丛》总第 86 辑，上海：上海古籍出版社，2007 年，第 245—272 页。

② 呼安泰：《也谈项羽殉难于何地——与计正山同志商榷》，《南京社会科学》1992 年第 2 期，第 84—88 页。《无鱼作罟习非成是——再谈项羽殉难于何地兼与计正山、冯其庸先生商榷》，《南通大学学报》（社会科学版）2008 年第 1 期，第 83—90 页。袁传璋：《项羽死于乌江考》，《淮阴师范学院学报》（哲学社会科学版）2008 年第 2 期，第 214—222，238 页。

身死东城"。① 这是"东城说"最有力的证据。《史记》中没有项羽"身死乌江"这般明确的文字，却记载项羽临死之前，与泊船岸边的乌江亭长有过一段对话。当时亭长极力劝请项羽乘其小舟渡往江东，项羽拒绝了，选择返身与汉军死战。依据这段记述推断，项羽最后身死之地必定距离长江边的乌江（渡、浦）不远。这成为"乌江说"最主要的凭据。

东城与乌江同处在淮河以南、长江以西的江淮丘陵地区。上述两派对项羽最终死在这一广大区域范围之内并无异议，所争的只是项羽死地更精确的地理位置点究竟在哪里。这一场争论有可能圆满解决吗？当年司马迁心中有答案吗？他本人希望后世读者就此展开争辩吗？《史记》有关项羽之死的记述，是否还隐含有其它深意表达？

---

① 《史记·高祖本纪》也有"使骑将灌婴追杀项羽东城，斩首八万，遂略定楚地"的记述，但未提乌江或乌江自刎。

二　秦汉时期东城县域划界有定论吗?

　　东城与乌江之争，首先触及历史地理区域和历史行政区划问题。周振鹤说:"地理学的成果一般都需要表现在地图之上，历史政区地理研究也不例外，其最终成果应该表现在文字的叙述与图表的编纂并存才算完备";然有关秦汉时期政区的记述"都是零星的、不成系统的";《史记》"甚至连秦始皇二十六年统一天下，分全国为三十六郡这样的大事，也只是一句话带过，而不罗列三十六郡之名，致使后人至今聚讼纷纭";"中国现存最早表现历代行政区划变迁大势的历史地图集是南宋刊行的《历代地理指掌图》"。①

---

① 周振鹤:《中国历史政治地理十六讲》，北京:中华书局，2013年，第4、10页。

自然地理区域是地理学的概念，而行政区划是一种特殊的地理区域概念，是地理学、政治学和行政管理学的结合产物。一国之行政区划与自然地理、人文地理有重要关联，但又绝不是简单的重合或无稽的背离，且历经长期发展演变过程。根据《史记·项羽本纪》的文字记述，"乌江"（渡、浦）基本可视为一地理坐标点，但"东城"却存在两种解释可能：东城县邑（地理定位点）和东城县域（所辖区域范围）。

从历史研究的角度看，搞清古代某一县辖区域的具体范围或县境边界的具体走线，比起确定其县邑县治所在的大致地点位置，要困难得多；久远如秦汉时代，更是如此。据钱穆《史记地名考》：古东城（邑）在今安徽定远县东南，古乌江（渡、浦）在今安徽和县东北40里。① 另据考察，秦汉东城县（邑）遗址在今安徽定远县东南大桥乡油坊李村，安徽省1998年立碑将该地点列为省级文物保护单位。② 不论《史记地名考》还是

① 钱穆（1895～1990），字宾四，中国近现代历史学家、思想家、教育家；主要著作有《先秦诸子系年》《中国近三百年学术史》《国史大纲》《中国历代政治得失》《中国历史精神》《中国思想史》《宋明理学概述》等。此处引述见钱穆：《史记地名考》（下），北京：九州出版社，2011年，第740—741页。
② 李开元：《楚亡：从项羽到韩信》，北京：生活·读书·新知三联书店，2015年，第232—233页。

其他研究结果，在此都只判定了相关城镇、县邑或驿亭的大致地理位置点，并不涉及县域范围和县界划分问题。

中国古代早期行政区划大都依循"山川行便"原则。这种行政区划边界一般自然而直观，但也常常粗略模糊，留有大块不确定的空白，尤其在经济欠开发的区域。周振鹤认为："从总的方面说来，秦郡的划分基本上是以山川为界，郡的地域范围与自然地理区域存在互相对应的关系，或者是一郡自成一个独立的地理单元，或是数郡组成一个完整的地理区域，少数情况下一郡包含几种不同的地貌类型。"[1]

他还推断：南方在秦代时开发尚浅，地广人稀，郡境很大，一郡面积往往超过今天的一省，常常包括几个不同的自然地理区域；比如（与本文内容相关的）会稽郡就包括今太湖流域和浙东丘陵地区，九江郡包含淮南平原与丘陵以及鄱阳湖盆地等。[2]

假如周振鹤的看法符合当时实情，那么南方各郡内部尽管可能包括不同自然地理区域，但一郡之内各县行政域界的确定和划分，大概应会尽量依照和采取与自然

① 周振鹤：《中国历史政治地理十六讲》，第82页。
② 周振鹤：《中国历史政治地理十六讲》，第83页。

山川地理分界相吻合而非硬冲突的原则来处理吧。

这里特别提醒读者注意：虽然司马迁和《史记》都没有对"东城"概念做过任何具体定义、说明与澄清；但前述辩争双方在使用"东城"概念时却不约而同，都只把它解为"辖域范围"。

"东城说"认为：东城不包括乌江。理由是：《史记》及《汉书》不仅多次说项羽"死于东城"，《史记·灌婴列传》还说汉军"下东城、历阳"；这表明东城和历阳（今安徽和县）当时是两个县，而乌江（渡、浦）在地理距离上更靠近古历阳，所以应该不属于东城。[①]

"乌江说"则称：两汉时期东城县是江淮之间辖境广阔的大县。它从今定远东南境的池河上中游地区，越过江淮分水岭，覆盖今滁县西南境、肥东东境、全椒西南境，直到今和县乌江的沿江一带。[②] 除此之外，还有人说，乌江（亭）在明朝以前从未隶属过历阳县，故秦

———————————

① 冯其庸：《项羽不死于乌江考》，《中华文史论丛》总第86辑，第265、270—271页。

② 呼安泰：《也谈项羽殉难于何地——与计正山同志商榷》，《南京社会科学》1992年第2期，第86页；《无鱼作罟习非成是——再谈项羽殉难于何地兼与计正山、冯其庸先生商榷》，《南通大学学报》（社会科学版）2008年第1期，第85页。

时乌江属于东城县的可能性非常大。[1]

一方尽量"缩小"东城县域范围，另一方极力"扩大"东城县域范围，双方各执一词僵持不下。看来这场官司只能靠第三方客观证据来公断裁决了。不幸的是，第三方证据缺席。《史记》没有提供秦汉地理图册，司马迁也没有交代相关县地疆界信息；当年相关地理和行政区划资料，包括项羽最后赴死之途所经过的"东城、历阳、全椒的秦汉时期县境地图，迄今尚未发现，今人无从细言其境界"。[2]

现今国内最权威的《中国历史地图集》（第二册）提供的秦代"淮汉以南诸郡"地图，标出了"钟离"、"阴陵"、"东城"、"乌江"、"历阳"等秦代时的地名，以及各地之间大致地理方位关系（参阅地图一）。[3] 但是仅凭当代学人依历史文字推演而复原绘制出的此简图，读者根本无从知晓秦代各县的边界及辖域的具体细节。

---

① 苏卫国：《项羽自刎乌江问题探研——基于秦汉亭制的解读》，《学术交流》2014 年第 2 期，第 176—180 页。

② 施丁：《"项羽不死于乌江考"等文九点商榷》，《信阳师范学院学报》（哲学社会科学版）2009 年第 1 期，第 12—16 页。

③ 谭其骧（编）：《中国历史地图集》（第二册），北京：中国地图出版社，1982 年，第 11—12 页。

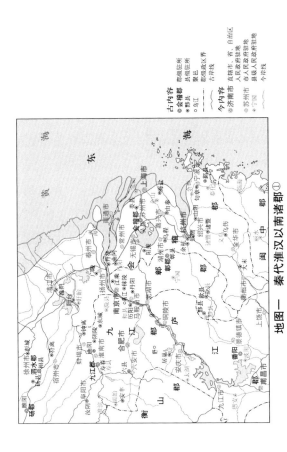

地图一　秦代淮汉以南诸郡①

① 基础底图图资料来源：谭其骧（编）《中国历史地图集》（第二册），第 11—12 页。图中黑体字地名为秦时地名。

《史记》是现存最权威、最接近项羽之死时间点的历史文献，也是关涉此事的最原始的历史孤本记录。所有今人相关讨论和判断，皆以它为初始依凭。如果没有其他新的等价原始资料证据，仅凭《史记》的含糊文字，东城的辖域范围以及它与乌江之间存在还是不存在行政管辖上的隶属和包容关系的争论，注定无法得出任何共识结论。

项羽究竟死于何地，本是一个事实性提问。正确的解法是拿出可靠的客观事实证据来支持所主张的判断或回答。上述论争的逻辑困局在于：双方中的任何一方拿出司马迁和《史记》来支持本方立场，反对方同样可以拿出司马迁和《史记》来捍卫己方观点；而任何一方手中都没有在时间和史料价值上与《史记》权威性相当的其他客观旁证。结果就是双方谁都驳不倒谁。此题看起来无解了。

今天的旁观者不难看清：司马迁当年肯定能够知道、也可以搞清楚秦汉时期东城与乌江之间的地界和隶属关系，加上一笔说明，不过举手之劳，可是他偏偏没有那样做。为什么呢？是他忽略了，还是另有心思？

三　江淮分水岭

上述两派的观点分歧，表面看是不同地点之争，其实背后还隐藏着对该区域自然地理情况的不同理解和判断。从今安徽定远县城（古东城）到乌江（镇）的地图直线距离只有约 140 公里，但这两地之间横亘着分隔淮河流域与长江流域的山脉——江淮分水岭。

2008 年 8 月，中国史记研究会、和县项羽与乌江文化研究室联合组建考察组，对项羽自垓下突围直至乌江的经行路线，进行了一次全程田野踏勘，事后发表了《项羽垓下突围南驰乌江路线考察报告》（以下简称《报告》）。①

_____

① 中国史记研究会、和县项羽与乌江文化研究室联合考察组：《项羽垓下突围南驰乌江线路考察报告》，《渭南师范学院学报》第 24 卷第 1 期，2009 年 1 月，第 3—9、30 页。

《报告》完全认同和肯定了"乌江说"立场，并"复原"出项羽一行的途经线路：垓下溃围南驰→渡淮→至阴陵→迷失道→陷入大泽→复而向东→至东城→越过清流关南下→过九头山→快战四隤山（此依《汉书》说——《报告》原注）→南驰至乌江亭，临江拒渡，步战自刎而死。①

这条"复原路线"中最值得注意的要点是清流关。古清流关在今安徽滁州市区附近，自古就是穿越江淮分水岭的重要孔道。②

江淮分水岭在今安徽中部丘陵区域内，又称江淮丘陵、淮阳丘陵，呈西南/东北走向，是秦岭、大别山向东延伸部分；因地处暖温带与亚热带的过渡带，雨量相对充沛，年均降水量900—1000毫米；其整体地形地势顺大别山东麓延伸，西高东低，丘陵起伏，岗冲交错，地形破碎。安徽西南部的大别山脉平均海拔500—800米，主峰更高达1770米；随着向东北方向延伸，江淮

---

① 中国史记研究会、和县项羽与乌江文化研究室联合考察组：《项羽垓下突围南驰乌江线路考察报告》，《渭南师范学院学报》第24卷第1期，2009年1月，第9页。

② 清流关，在今安徽省滁州市城西郊的关山中段的山峰上，始建于南唐，扼控险要，古为南北交通必经之道。据说，因隋、唐、南唐时其地属清流县，且位于清流河上游，故名。参见汪泾洋：《中国古关概览》，北京：解放军出版社，2017年，第225—227页。

丘陵的平均高度逐渐降至海拔 200—300 米，到今江苏盱眙附近完全消失融入平原。发源于江淮分水山岭的河流，或向北向西而归入淮河流域，或向东向南注入长江（参阅地图二）。

江淮丘陵东段的张八岭山脉海拔高度一般在 200—300 米之间（最高峰北将军达 339 米），是滁州（县）、凤阳两地的自然分界。滁州属于长江流域，凤阳属于淮河流域。项羽一行渡过淮河后如欲经由乌江渡往江东，必须翻过张八岭山脉才能抵达长江边，而跨越张八岭的捷径要道是滁州清流关。

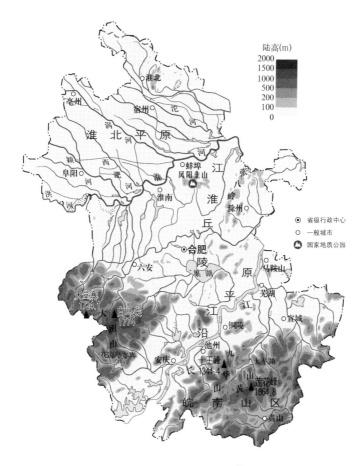

陆高(m)
2000
1500
1000
500
200
100
0

淮北

亳州　　宿州　　　　泡河

淮　北　平　原
涡河

颍　西　淝　淮
阜阳　　　　河　　河　蚌埠

洪　　　　　　　　凤阳韭山　　江
河　　　　　　　　　　　　　　张
　　　　　　　淮南　　　　　　　岭
　　　　　　　　　　　淮　　滁州
　　　　　　　　　　　南
　　　　　　　　　　　丘

● 省级行政中心
○ 一般城市
▲ 国家地质公园

陵

六安　　合肥

　　　　　巢湖　　　原　乌鞍山

天堂寨　　　　　　江　　芜湖
1724.1大　白马尖　　沿
　　别　1774　江
　　山　　　　　　　　宣城
花亭水库　　　　　池州　铜陵

安庆　　　十王峰　九
　　长　1344.4华　　山　　太平湖
　　江　　　山　黄　连花峰
皖　　　　　　　　山　1864.8
　　南　　　　　　区
　　山
　　　　　　　黄山

地图二　安徽省地形图①

————————

① 基础底图资料来源：中图北斗文化传媒（北京）有限公司（编）：
　《中国知识地图册》，北京：中国地图出版社，2021年，第88页。

四　清流关与过岭路线

据说，清流关始建于南唐初期（约公元 939 年）。当时南唐统有江南大部分地区以及长江以北的滁州（今安徽滁州）、濠州（今安徽凤阳）、泗州（今安徽泗县）、庐州（今安徽合肥）、寿州（今安徽淮南）、楚州（今江苏淮安）及光州（今河南潢川）等十四个州，迫切需要一条连接国都金陵（今南京）与江北各州的便捷通道，以通政治军事情报和经济物资，故开辟清流关通道，并在关上设兵把守，平时通行，战时封关防卫。一般来说，古代交通孔道都沿土方工程量最小最便利的自然地理通道扩展修整而成。可以推断，在南唐之前很久，这一线路大概就已是穿跨江淮分水岭的要途通道。

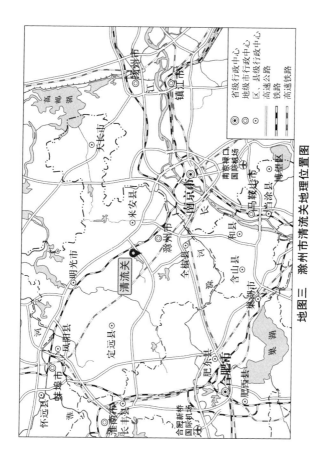

地图三　滁州市清流关地理位置图

项羽南奔之夜，如果没有星月指示方向，可行之策是沿着河道走。一条可行的路线是在临淮关附近渡过淮河后往东南方向走，沿着池河先到嘉山（今安徽明光）。池河在嘉山附近接纳一条来自东南方向的支流，溯此河而上，可在三界镇、张八岭镇附近山脉高度较低处翻过山岭，接抵清流河上游，然后顺沿其流而下到达滁县清流关处；穿过"南望长江、北控江淮"的清流关一线，项羽就可进入长江流域平原，经滁州、全椒南行抵达和县（古历阳）乌江（浦、渡）。另一选择是，渡淮后到嘉山，沿池河向南行到池河镇，从池河镇不论往东经拂晓乡到三界、张八岭镇，还是往东南经珠龙桥，最终还得在清流关附近翻过江淮分水岭（参阅地图三、地图四）。因为这里大约是路途最短、翻岭高度最低处。

现代交通路线在通过江淮分水岭时，也选择清流关路径。1908年开工、1912年全线通车的（天）津浦（口）铁路是最早连接中国南北交通的铁路干线之一。它在安徽境内也走这条路线穿越江淮分水岭：火车过蚌埠后，沿途经过门台子、临淮关、板桥、小溪河、嘉山（明光）、管店、三界、张八岭、沙河集、滁县（州）各站，最终抵达南京江北的浦口镇（地图四中铁路线所示）。

1970年代末的中国地图显示：安徽省境内的普通

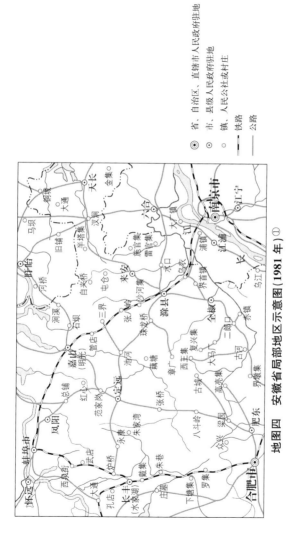

地图四　安徽省局部地区示意图（1981年）①

◎　省、自治区、直辖市人民政府驻地
⊙　市、县级人民政府驻地
○　镇、人民公社或村庄
┅　铁路
──　公路

① 基础底图资料来源：地图出版社（编）：《袖珍中国地图册》，北京：地图出版社，1981年，第 23—24 页。

公路（地图四中公路线标示）由临淮关南下，经总铺、范家岗至定远，然后向东到池河，在池河转向东面的三界或东南的珠龙桥后，经滁县（州）清流关附近通关过岭。当时从滁县到全椒有公路相连。理论上说，在全椒南面东跨滁河，就可进抵长江岸边的乌江（镇）附近。但直至1970年代末，直线连接全椒-乌江的公路线，在地图上尚未见有显示。①

1990年代末，临淮关至总铺一段仍为等级较低的县级甚至乡级道路，但起自蚌埠，经凤阳（临淮关）、总铺、池河到滁州和全椒的公路已经升级为省级高级公路。这条省道公路最后仍然通过滁州清流关地理通道翻过江淮分水岭（参阅地图五）。

该地图公路里程标记：从临淮关到滁州的公路距离大约110公里。从滁州往南到全椒滁河约有20—30公里；跨过滁河到达乌江镇，公路还需绕行30至40公里，其中包括十多公里的县级甚至乡级公路（参阅地图五）。

滁州的清流关，显然是一个古老而重要的南北交通孔道。然而，从滁州经乌江（渡、浦）过长江抵达吴中地区，是否也是同样重要的古代交通要线呢？从两地之

---

① 地图出版社（编）：《袖珍中国地图册》，第23—24页。

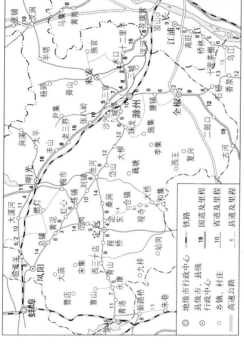

地图五 安徽省滁州市及周边区域①

图例:
- ◎ 地级市行政中心
- ◉ 县级市、县级
- ○ 行政中心
- 乡镇、村庄
- ━━ 高速公路
- ─── 铁路
- 国道及里程 **18**
- 省道及里程 **10**
- 县道及里程 **6**

① 基础底图资料来源:中国交通营运里程图集编委会(编):《中国交通营运里程图集》,北京:人民交通出版社,2000年,第 111 页。

019

间历史地理和近代交通发展情况来看，似乎没有非常明显和肯定的回答。在交通习惯和人货往来上，滁州似乎更倾向往东连接江北的扬州和江南的金陵（南京），或者接通西南方向的庐州（合肥）。

五 在岭西，还是在岭东？

不经清流关古道越过江淮分水岭，在今天已成现实。2011年6月通车的新京沪高速铁路线，自徐州东站南下后进入安徽省境内，一路经停宿州东、蚌埠南、定远、滁州南站后，由南京大胜关长江大桥（南京长江三桥）过江，抵达南京南站。

这条高铁线路跨过淮河之后，从蚌埠城东和凤阳县城之间穿过，径直奔向东南方向，以90度直角与淮河、江淮分水岭和长江相交；它不再走清流关一线，而是在滁州市区和全椒县城之间，通过新开凿的隧道穿山钻岭，径直进达岭东地区（参阅地图六）。

中国史记研究会、和县项羽与乌江文化研究室联合考察组的《报告》断言："秦汉之际的东城县，为江淮之间的大县，北与阴陵、盱眙接壤，西与合肥相邻，东与广陵相接，南达大江之滨而与历阳相连，辖区包括今安徽的定远、全椒、滁县、来安、与和县的东北部，以及江苏的江浦全县和六合县的南境，东西宽约二百华里，南北长达一百五十华里。江苏江浦县，今并入南京市浦口区。"①

如此宽广定义古东城辖域范围，则项羽无论如何终将死在"东城县界以内"。如前所说，这种断言缺乏确实可靠的秦汉时代历史证据，较难成为有说服力的学术定论。

该《报告》还认为：《史记》写项羽抵达东城后带领28骑与汉军追兵对峙和厮杀的小山（《史记》未名，《汉书》称四隤山），即今安徽和县与江苏江浦县交界处、称作四溃山或四马山者，距乌江渡口不到30里。②这一观点论断与《报告》定义东城县域的意图同出一辙；即不但要将《史记》所提到的相关地点坐标统统纳入"东城县域"范围之内，还要尽量把它们"拖拽"到乌江（渡、浦）附近。这种说法或多或少带有意愿压过

---

① 中国史记研究会、和县项羽与乌江文化研究室联合考察组：《项羽垓下突围南驰乌江线路考察报告》，《渭南师范学院学报》第 24 卷第 1 期，第 6 页。

② 中国史记研究会、和县项羽与乌江文化研究室联合考察组：《项羽垓下突围南驰乌江线路考察报告》，《渭南师范学院学报》第 24 卷第 1 期，第 7—8 页。

证据的倾向。

"乌江说"的核心，一言以蔽之，就是项羽最终死在江淮分水岭以东。明了这一点，与之对立的"东城说"对"身死东城"的内涵诠释也就清楚了。后者显然认为项羽当年没能翻过江淮分水岭，最后死在了岭西某地。如此说来，"是东城，还是乌江"的争论，亦可直接翻译为"在岭西，还是在岭东"之争。

值得指出的是，几乎所有关于项羽最后死地的论说辩争文章，都忽略了江淮分水岭这一重要的地理元素，极少人直接提及江淮分水岭对项羽一行逃跑可能造成的阻滞和影响作用。应当说，历史研究一旦撇开实际地理元素的考量，就很容易滑入片面或导致偏差。

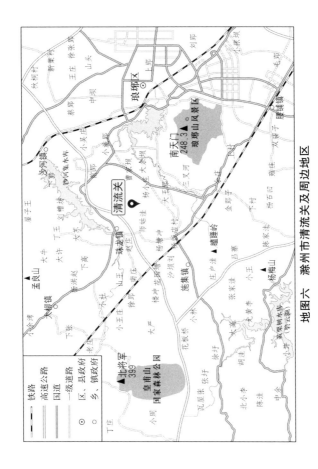

地图六　滁州市清流关及周边地区

六 司马迁即媒介

　　媒介是信息分享时必须经过或借助的中介环节。在今人之欲知与当年真实发生之间，无可奈何地隔挡着一个司马迁。司马迁即媒介。

　　《史记》成书约在公元前 104—前 91 年间，比项羽死年（公元前 202 年）晚了约 100 年；两者之间的时间差，决定司马迁本人（生于公元前 145 年，卒于公元前 90 年？）不大可能直接见到或采访到任何亲历斩杀项羽之战的当事者。他有关项羽之死的记述当属转引使用二手或 N 手材料。

　　使用间接资料或转说来记撰历史，不仅常见也完全合理。但司马迁对其有关项羽之死的情况记述，既不交代任何引述来源，也不留任何资料出处或注释说明。这种做法的原因何在？而他在《史记》其他篇目中，并不排斥交代相关调研的过程、结果或信息来源。

比如，他写李广时说："我所看到的李将军，质朴像个乡下人，不善言辞"（《李将军列传》）。他写韩信时说："我到淮阴，淮阴人对我说，韩信即便是平民百姓时，心志就与众不同。他母亲死了，家中贫穷无钱安葬，可他还是到处寻找高敞之地，让坟旁可以安置万户人家。我去看了他母亲的坟，的确如此"（《淮阴侯列传》）。他还写到："我曾走访大梁城废墟，寻找那个叫夷门的地方；原来夷门，就是大梁城的东门"（《魏公子列传》）；"我到北方边境，从直道返回，沿途实地观察了蒙恬为秦朝修筑的长城和边塞堡垒"（《蒙恬列传》），等等。

历史著述引用资料借用数据但不告明出处者，可以有多种原由：欲掠他人之美，出于保护信源，因疏忽大意，或因混合使用信史资料和民间故事传说而无法清楚交代来源，等等。这里的司马迁属于哪种情况呢？

为项羽作传，司马迁很可能做过实地调查，但由于他没留下任何说明和交代，后人无法判断他记下的文字中，哪些是经过核实的真实发生，哪些是录引的故事传言，哪些是他自己的敷陈演绎。不过有一点确定无疑：《史记》最终落下的讯息内容，都是司马迁希望存留下来，希望告诉后人的；他欲留下"一家之言"，"藏之名

插图 1　司马迁著《史记》

山，副在京师，俟后世圣人君子"（《史记·太史公自序》）。

媒介具有接驳作用，同时具有筛选、遮蔽和阻隔功能。凭借接驳和阻隔这两种既矛盾又配合的作用功能，媒介产生和发挥其连接、导引、翻译或形塑等结果功效。历史记录既是帮助后人拼凑出过往情事景况的工具、材料和依凭，也是框限后世认知的阻障，尤其是当它们成为现已无从核验的、独一无二的初始陈述时。

今人所能见到和知晓的"项羽"，底根为"司马迁出品"。人们围绕历史记录展开各种论争辩说时，往往只注意征引媒介记录的资讯内容，而忽视了对媒介本身的审视和批评。上述两派虽然观点立场对立，却不约而同都赞同和卫护，而非质疑他们立论的共享根基——司马迁和《史记》，结果双双堕入将媒介记录等同于当年真实发生的思维误区。

七　项羽真死了吗？

听闻项羽死讯，刘邦最关心的事，莫过于项羽是否真的死了。此事关乎楚汉之争大局，实在太重要，必须反复核实确证。

当年要搞清这个事实性问题也不简单。当时追杀项羽的绝大多数汉军将士并不认得项羽本人，也不知道他的相貌模样，就连统领汉军追兵的王翳将军，都辨认不出哪位是项王本尊（《史记·项羽本纪》）。

刘邦当年核验项羽是否真的死了，可有以下几种办法：

（一）项羽的首级及躯体残肢为证；

（二）亲手斩杀项羽的汉军将士的证言；

（三）项伯等那些最熟悉项羽体貌特征的楚营人士的直接辨识和确认。

楚地军民听闻项羽死讯，思觉大势已去，纷纷投降刘邦，唯鲁县人不相信，继续顽强抵抗。于是，刘邦派人拿项羽人头给他们看，鲁人亲见之后方臣服。这说明鲁县人能够辨认出该头颅的确是项羽的。

与后世明建文帝、李自成等人之死或未死的传说议论不同，项羽之死活问题——在官方和民间，在当时和后世——从未生出任何争议或者歧说。可能的原因之一是，当时的事实性证据已经有力地消除了滋生此类反论与疑说的种种可能。项羽当年的确真的死了。

与刘邦不同，为项羽作传的司马迁更重视项羽生命最后时段的具体经历和状态表现，即项羽是怎样走到生命尽头的。《史记·项羽本纪》全篇近9000字，其最后一大板块自"项王军壁垓下，兵少食尽"起笔，到"桃侯、平皋侯、玄武侯皆项氏，赐姓刘"结束，约900余字，占了全篇文字的十分之一，集中讲述项羽之死的经过情况（此一大段下文统称《项羽之死》）。

《项羽之死》所涉时间跨度不足24小时，在项羽31年的一生中，只是极短暂的一瞬，然司马迁却赋予它特殊权重，投注丰沛笔墨，显然是有所寄意和用心。《史记》留下许多传主死亡情况的记载和描述，然如《项羽之死》般跌宕起伏生动震撼者，实为仅见。

八　"起承转结"叙事模式

　　宫崎市定说:《史记》许多精彩描写采用"起承转结"模式。[①]《项羽之死》亦算一例。

　　第一段,起。"项王军壁垓下,兵少食尽,汉军及诸侯兵围之数重。"垓下古战场在今安徽省灵璧县和固镇县之间。[②] 那天夜晚,项羽已经睡下,后被四周汉军

---

① 宫崎市定(1901~1995),日本历史学家;中文版著作有《谜一般的七支刀》《东洋的近世》《亚洲史研究》(全四册)《论语的新研究》《雍正帝:中国的独裁君主》等。此处引述见宫崎市定:《宫崎市定解读〈史记〉》,马云超译,北京:中信出版集团,2018年,第36,116—119页。"起承转结",亦常称"起承转合",是一种文艺叙事结构、框架或程式模版,广泛应用于诗歌、小说、戏剧、美术(如四格漫画)、音乐(如奏鸣曲式的呈示部、呈示部反复、发展部和再现部)等许多文艺部类。
② 参见马道魁:《垓下故址考辨——与陈可畏同志商榷》,《宿州教育学院学报》2001年第1期,第26—27页;李开元:《楚亡:从项羽到韩信》,第227—230页。

唱楚歌的声音吵醒，大为吃惊；睡不成又内心烦闷，于是坐在大帐内饮酒；面对着爱妾虞姬，想到伴随自己征战多年的乌骓马（马可能就拴在帐外，可闻其声），不禁悲从中来，情难自已，遂吟唱出"力拔山兮气盖世，时不利兮骓不逝。骓不逝兮可奈何，虞兮虞兮奈若何！"的诗句。项羽流着眼泪一遍遍地唱，虞姬唱和呼应，在场的人全都低头垂泪，不敢抬头看他。这真是一幕宛在眼前、催人泪下的伤感景象！

起，通常是一个故事的序曲＋呈示部分，起到交代全剧背景和场景、绍介主要人物角色、设定气氛情绪基调，提示剧情核心矛盾冲突等作用，为后面的讲述提供铺垫、基础和悬念张力。

司马迁在此推出视觉感极强的一幕：营外，汉军把楚军包围得铁桶一般，夜晚四周传来汉军高唱楚歌的声音；营内，楚军兵少食尽，上下士气低落，败局已定。整体景象和气氛压抑得令人透不过气。不过，拨开环境氛围和情绪描写的帷幕，旁观者其实不难看清：项羽此刻面对的出路选择非常简单：是留，还是走？

连接句："于是项王乃上马骑，麾下壮士骑从者八百余人，直夜溃围南出，驰走。"项羽弃营逃跑了。

第二段，承。项羽突围后，南渡淮河，"至阴陵，迷失道"，向一老农夫问路，遭故意误导，陷入沼泽湿

插图 2　日本历史学家宫崎市定

地，耽误了时间，后重新调头向东，抵达东城，在此被大队汉军追兵赶上。

承，一般延续起段的进程和方向，保持着起段叙事的逻辑、惯性和动力。此段沿着时间顺序具体描述项羽上路奔逃后的情况过程。不同于前段侧重可视化情绪化的情景描述，此段只用单线条白描勾勒项羽逃跑路线及其沿途的遭遇。

连接句："汉骑追者数千人。项王自度不得脱。"

第三段，转。项羽在东城地界被汉军大队骑兵追上和攻杀，自度无法逃脱，于是对手下骑从说："我带兵起义至今已经八年，亲历七十余仗，阻挡我的敌人都被打垮，我攻击的敌人无不降服，从未失败过，所以能够称霸，据有天下。如今终受困在此，是上天要亡我，决不是我打战不行。今天只有决战而死了。我愿为诸位痛快厮杀，斩杀汉将，砍倒军旗，连打几个胜仗，冲破重围，让诸位知晓，如果不能成功，那一定是上天要灭亡我，决不是我打仗不行。"他把手下骑兵分成四队，面朝四个方向。汉军把他们层层包围起来。项王说："我先为你们拿下一员汉将"，并命令四队骑士同时纵马杀下山去，约好在山的东边，分三处集合。项王高喊着冲了下去，汉军像风吹草伏般溃退。项王当即斩杀了一员汉将。赤泉侯杨喜当时是汉军骑将，在后面紧紧追赶项王；项王回身瞪大眼睛呵叱他，吓得杨喜败退好几里。项王骑兵分三处会合集中。汉军追兵不知项王到底在哪一处，就把部队分成三路包围上来。项王驱马冲锋，又斩了一汉军都尉，杀死百八十人；重新聚拢手下时，发现仅折损两名骑从。项王问手下骑兵们："怎么样？"众人都敬服地说："正如大王所言。"

转，通常在前两段的呈示和交待之后引入意外和变化，从而造成新的矛盾和冲突，令叙事更加紧张更具悬念。此段集中描述项羽面对突然遭遇大队追兵时的心理活动和行动反应，展示他虽身处险境绝地，依然勇武果敢，一身威风凛凛的气派。此段生动形象地诠释了什么叫"力拔山兮气盖世"！不过，正因为此段写得太过生动和精彩，读者掩卷之后难免不心生疑问：难道当年有实况录像？

连接句："于是项王乃欲东渡乌江。"

第四段，结。停船岸边的乌江亭长对项羽说："江东虽然小，但土地纵横千里，民众几十万，足可以称王，请大王赶快上船渡过江去。这里只有我这一条船，汉军到了，也没法渡江。"项羽笑了笑说："上天要灭亡我，我还渡江干什么！再说当年江东八千子弟跟我一起渡江西征，如今一个都没回来；纵使江东父老乡亲仍怜爱我，仍拥戴我当王，我又有什么脸面见他们？就算父老乡亲们不说什么，我项籍难道心中不自愧吗？"他对亭长说："我知道你是忠厚长者，这匹马随我征战五年，日行千里，所向无敌，我不忍心杀它，就送给你吧。"随后项羽令随从兵士下马步行，手持短兵器与敌交战；项羽一个人就杀掉汉军几百人，自己也受创伤十几处。项王转头看见汉军追兵中的吕马童，高声道："你不是我的老熟人吗？"吕马童仔细打量项羽，对将军王翳说："他就是项王。"项羽接着说："我听说汉王为我的头颅设下黄金千斤和封邑万户的赏格，就成全你吧！"言罢自刎而死。将军王翳斩获项羽首级，其他汉军将士蜂拥而上，为争抢项羽肢体相互残杀，死者多达数十人。最后，项羽四肢分别被吕马童、杨喜、杨武和吕胜获得。

结（或者合），是对此前所有陈述、渲染和矛盾冲突的总束和解决。本段的核心意思，一言以蔽之，就是项羽"不肯过江东"！请特别注意：不是"不想"，更不是"不能"，而是"不肯"。"不肯过江东"，是《项羽之死》全篇想要传递出的最重要的讯息！

九　大致可确证的内容

从常识和逻辑的角度看，《项羽之死》中有些记述属于基本可以"确证"的内容。它们包括：

——项羽乘夜从垓下楚营突围南逃；

——渡过淮河后欲逃往江东；

——半途中被大队汉军追兵撵上，苦战拼杀终难脱身；

——他没有东渡长江，抵达江东地区；

——项羽最终死于野战。

项羽夜半突围的计划和实施，最初应属核心机密。但是，一旦项羽逃走，楚营上下很快会知晓，围困垓下的汉军迟早也能得到消息。当年了解和听闻此事的人应不在少数，官家史书也会有记载。所以这一段史实不会成谜。

项羽成功南渡淮河一事，也可有不少目击证人。一般横渡大江大河须经渡口，且需有船只。项羽渡淮地点在临淮关附近（古钟离，今安徽凤阳县境内）。垓下突围时他有800随从，渡淮后仅剩百余。从垓下到淮河渡口路程不算远，又未经激烈战斗，为什么有如此大量减员？很大的可能是，当时渡口船只小数量少，往返摆渡兵士太耗费时间，项羽等不及，渡河后带着百十人先自南走了。等大队汉军追兵赶到时，被抛下的楚军兵士以及渡口人员自然都成了"证人"。中国史记研究会、和县项羽与乌江文化研究室联合调查组的《报告》，对当年淮河水势、渡口和摆渡情况以及项羽随从人数骤减的原因等，也做过类似的推测和猜想。《史记·项羽本纪》对从"溃围南出"后到"渡淮"之间的情况未着一字。

项羽渡过淮河后，欲逃回最初起兵的江东地区。这一点可从不同角度得到佐证。垓下楚营高层人士肯定知晓项羽逃跑方案，有可能在投降汉军后供出了大致的方向和路线。《史记·项羽本纪》说：夜半时分，楚军小股骑兵（800人）从垓下大营突围，汉军不知道项羽就在其中，并未重视；直到天亮后才得到项羽突围逃走的消息，随即派出大队骑兵追赶（"平明，汉军乃觉之，令骑将灌婴以五千骑追之"）。那么，汉军是怎么知道项羽已经逃走了？是谁在什么情况下把这消息报告给汉军的？史书没有记录。

从夜半到平明，约有五六个小时的时间差。如果双方等速运动（都骑马奔驰），项羽必须多走冤枉路或者浪费较多时间，而汉军必须追击方向正确又不浪费任何时间，后者才有可能撵上前者。就此而言，汉军欲要成功，首先要在出发时获得追击方向和路线的正确提示，然后再寄希望于项羽一行犯错误。《史记》几处提到"骑将灌婴以五千骑追之"，"汉追及之"，"汉骑追者数千人"，"项王自度不得脱"；间接提示汉军追击兵力的使用非常集中，对追击方向和路线也有相当把握。

项羽最后"身死东城"，没有死在东城西面的阴陵，尽管根据司马迁的记录，项羽曾一度"东辕西辙"到过阴陵。假如司马迁的记述真实准确，那就足以说明项羽有明确的目的地目标，或者说他始终执着地想往东或东南方向奔逃。在写到项羽即将投入决死拼杀战斗之际，司马迁仍不忘添上一句提醒读者："项王乃欲东渡乌江"。看来，项羽意欲逃往江东，大概是司马迁时代人的普遍共知。

项羽在逃跑途中被汉军追兵赶上，拼死苦战终难脱身。这种境况的记述也基本可以确认。因为，倘若项羽成功地摆脱了追兵，就可免于战败身死，甚至有可能成功逃回江东，那样的话，楚汉历史就需要重写了。可惜的是，他未能如愿。同样可以肯定的是，他死于长江以西、今安徽境内某地的混乱厮杀中，遭割首分尸。这一幕有众多直接追杀他的汉军将士的参与和见证。

《项羽之死》中上述这些内容因为相对"合理"，所以比较"可信"，也就经常被当作"历史真实"被接受并讲传于后世。这些内容很有可能也是司马迁当年手中掌握的比较可靠的"史实"。

十 "大帐夜饮"疑点多

  《项羽之死》也有一些不大能确定、可信度不高的记述。比如，项羽垓下楚营账内夜饮一节。

  《项羽本纪》记载，项王在帐中饮酒时慷慨悲歌"力拔山兮气盖世，时不利兮骓不逝。骓不逝兮可奈何，虞兮虞兮奈若何！"（以下简称《垓下歌》）。此歌真是项羽原创原唱吗？

  薛仁明认为，《垓下歌》是司马迁的代笔。他说，《史记》常喜用排比对应法来并列书写刘邦项羽。比如刘邦有《大风歌》，项羽就有《垓下歌》；两歌对照的写法，有助于读者"读出两个人的内心深处的性情和魂魄"。他分析，作为当朝高祖皇帝，刘邦的诗作官方史册有载，造假较难，而伪造项羽的作品就相对随便。他判断《垓下歌》为司马迁代笔，还因为当时楚军大帐里的人后来全无幸存，不可能将此歌传布出去。[1]

以排对法来归纳刘、项传记的写法特点，颇为有趣：刘、项二人在重要场合都有即席歌诗表演。二人未成名时目睹秦始皇盛大出行仪仗，都说出过不同凡人的壮语豪言。二人在生死关头都曾面临如何处理亲情的难题；如在垓下被围的危急情况下，项羽并没有优先考虑妥善安置虞姬，当刘邦被敌军急迫追赶时，为了轻车逃命，竟数次将子女推下车去，等等。司马迁笔下的刘、项，确实在许多方面和情境中并立对映互为观照。

薛仁明的逻辑是：楚军大帐里的人必须能活下来，才有可能外传《垓下歌》；大帐里的人后来统统死光；所以此歌不可能由大帐里的人传播出去，也就不可能是项羽当时所作所唱。这一推理的形式结构是有效的，但其小前提——大帐里的人统统死光——不大符合客观事实。因为史书从来没有垓下楚军投降后全被屠杀的记载或暗示。薛仁明质疑项羽的原创版权不能说没有道理，但他的论证思路有点偏。实际上，还可以有更近常情的其他可能。比如，《垓下歌》只是民间艺人后来传唱、据称是项羽原创的一段诗歌，司马迁只是将其收录

① 薛仁明：《天人之际：薛仁明读〈史记〉》，桂林：广西师范大学出版社，2017 年，第 116—117 页。

在此。

否定项羽原创《垓下歌》，内底意在质疑"大帐夜饮"的真实发生。"大帐夜饮"：楚军战败被围困在垓下，形势危殆。是夜，项羽睡下后被汉军楚歌声惊扰，心情烦闷，起身坐在帐中饮酒。此刻的项羽是因常规睡眠被搅扰而感到郁闷呢，还是实施突围行动前的小憩被打断而心情愈加烦躁？如果情况属于前者，那么饮酒后的项羽还得回去继续睡觉，以便来日能有精神应付眼前的严峻局面。倘若是后者，那么项王饮酒，只是打发时间而已，待时辰一到，便翻身上马杀出重围远走高飞。显然，后者的可能性似乎更大些。请注意：当项羽唱出"虞兮虞兮奈若何"时，就已然表明他决定自己先逃了。

大军兵败主将先逃，在古今中外战史中屡见不鲜；只不过其中有些是出于大局考量或战略重整的决策或命令。1942 年，美军在菲律宾战场全面失利，主帅麦克阿瑟将军（Douglas MacArthur）被迫在暗夜的掩护下，乘小型鱼雷快艇逃往棉兰老岛，再转乘飞机前往澳洲，以期重新组织军事力量他日卷土重来。兵败出逃的麦帅既愤怒也倍感耻辱，逃跑路上屡经危险，加上晕船呕吐，狼狈不堪。他出走之后，剩余的驻菲美军及菲律宾军队总计七万多人不久即向日军投降。当年项羽走后，十万垓下楚军也没有发起实质性抵抗就举手投降了。既然，高傲的麦克阿瑟将军能因"战略转进"需要而弃军出走，那二千年多前的项羽为什么不能也有类似的考虑和安排？

项羽当时究竟是"因公"，还是"因私"出逃？今人无法知道。假如真属于"麦克阿瑟式逃跑"，那么项羽在行动之前泣唱《垓下歌》，就显得太过颓唐窝囊；大帐内营造的哀惨气氛，也全然没必要和不对头。看来，司马迁也拿不准项羽是不是"因公"出逃。

"因私"的迹象似乎多一些，但也非滴水不漏。一般来说，败军之将如果出于私心私利，决定先自突围逃命，通常不会背负很重的道德包袱，至少在采取行动之关头。即便心里有愧疚感，也会努力调动各种"正当理由"来平衡心态说服自己，以防因自己情绪波动，影响和干扰了出逃行动的执行。可是，类似自我鼓劲打气的"正能量"供应，在"大帐夜饮"和《垓下歌》中统统没有。项羽歌诗哀叹自己、乌骓马和虞姬，一味播撒浓浓的颓丧与悲伤，宛如提前给自己开了悼亡会。在即将振奋精神突围战斗之际，这样的做法和气氛显得十分怪异和不合常理。

项羽少时曾"学万人敌"，也说过"彼可取而代也"的壮语，性格抱负素异于常人。他具有突出的军事才能和领袖气质，故能一度成为楚汉时期的霸主。《史记》记载，他破釜沉舟大破秦军，威震诸侯；也胆量过人，屡败汉军，令"汉卒十余万人皆入睢水，睢水为之不流"。项羽亦刚愎自傲残忍嗜杀；曾拔剑手刃会稽郡守殷通、上将军宋义，也"诛婴背怀"、"烹说者"、"烧杀纪信"、"烹周苛"；更数次下令大规模坑杀降卒，仅新安城南一次就达20余万人，令人发指。如此凶狠暴烈之人，怎么会在垓下之夜忽然儿女情长起来？不但颓唐感伤地饮酒歌诗，还当着众人失态地泪流满面？这一表现不仅与此前西楚霸王惯常性格形象不符，也与之后在突围奔逃路上奋勇斩杀敌军的英武气派不合。

可能有人会说，"大帐夜饮"和《垓下歌》不恰恰说明项羽也有情感柔软的时候吗？韩信不也说过：项羽待人恭敬慈爱，言语温和，见人生病，心疼得流泪，还将自己的饮食分给他人（《淮阴侯列传》）。上述说法有道理。不过品人论事要讲一贯性，更要看时间环境条件。韩信所说的情况，皆属日常生活或常规事务处理，而每临危急关头和紧张战斗时刻，项羽总是直冲向前的。他最后力战而死，也证明这一点。退一步说，有没有一军主帅做了重要的战略撤逃决定，临到付诸实施时，又突然悲伤痛苦得饮酒浇愁、流泪歌诗呢？可能性当然存在。只是这种事安在项羽身上，总让人感觉有点尺寸不合。翻阅《史记》可知，项羽是一个性格简单思维直线的人；他叱咤风云，斗力不斗智，处理生死，直接而决断。

假若推想《垓下歌》是后人的作品，许多问题就比较容易讲通。因为作者知道项羽突围逃跑后的结果命运，可以自由地"展开想象"和"进行设计"，从容写出"事后预言"，即在后事结果已经成立之后再回溯补写出事先的预测。宫崎市定就说：《左传》中就有事后补上事前预言的写法，因为古代历史故事在流传中不断被添油加醋，越来越丰富；类似的写法在《史记》中有不少。①

许多历史真相，今天已不可得知。尽管从常情常理出发，项羽彼时心感内疚和哀伤是可能的，也是不难理解的，但今人终究无法肯定当时的他是否果真如是表现。项羽的出逃也许只是未经深思熟虑和周详谋划的仓促行动？不论真相如何，宫崎的推想有一定的道理：项羽的道德和情感包袱很有可能是后人给他加上的。后人根据零星线索添枝加叶恣意挥洒。

以批判的眼光来审视，用来填充确凿史实之间"缝隙"和"空白"的，大都是些"可能"、"也许"的猜想

---

① 宫崎市定：《宫崎市定解读〈史记〉》，第 121—122 页。

铺陈，甚至是民间故事传说。谁又能断定"四面楚歌"、"大帐夜饮"、《垓下歌》等，最初不是楚汉时期"正统宣传"或者文士艺人事后补构的笔墨景象？

十一　为什么"东辕西辙"？

　　安徽地理地形自北向南分为淮北平原、江淮丘陵和皖南山区三大自然区。淮河和长江以西南/东北走向流经安徽省域，宛如两根筷子夹持着江淮丘陵地区，成为上述三大地理区域之间的自然分隔线（参见地图二）。这与2000多年前的情况状态没有重大差别。项羽突围渡淮之后进入的最后活动区，就是地处安徽东部和长江以西的江淮丘陵地区。《史记》写项羽最后一路奔逃途经的地名地点，也几乎全部落在这一区域内。

　　江淮地区原属楚军势力控制范围，距项羽老家下相（今江苏宿迁县西）亦不算远，项羽一行对这一区域内山川地理道路渡口情况应该不太陌生。根据他先渡淮河、后"欲东渡乌江"来推断，项羽对奔逃欲往的地点、方向和目标心中有数。然而项羽成功渡淮之后，最终并没有东跨渡过长江。在"成功渡淮"和"自刎而死"之间,究竟发生了什么?是什么力量和因素羁绊住了项羽的脚步?《项羽之死》的记叙交待令人费解。

司马迁写到:项羽渡淮后抵达了阴陵。这很奇怪!项羽过淮河后如欲前往江东,理应直奔东南方位上的长江(乌江)渡口,为什么要"东辕西辙"先到阴陵?

项羽在古钟离(今属安徽凤阳临淮关)附近渡过淮河。① 阴陵在临淮关的西南方,东城(今定远东南)在临淮关的南面、阴陵的东南方向。临淮关南面有一大片丘陵山地,其主峰高达 300—400 米,挡住去往阴陵的直线路径。项羽一行只能沿该台地东侧边缘先向南行,然后转向西行,才能到达阴陵,不论指抵达其县邑,还是指进入其县域(参阅地图七)。假如项羽当年真的到过阴陵的话,只能有一种合理解释,即他渡淮南行后,走迷了方向,误至阴陵。

今乘坐新京沪线高铁列车从安徽蚌埠向定远、滁州方向行进,沿途除了刚过淮河不久可见到远处偶有少量山丘出现,铁路两侧多是广阔平田或湿地,极少见村落或地标参照物。当年项羽夜半时分突围出走,待进入江

---

① 潘有庆:《项羽溃围路线考略——兼谈垓下古战场方位》,《阜阳师范学院学报(社科版)》1989 年第 1 期,第 74 页。

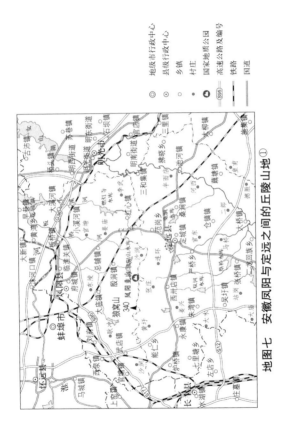

地图七 安徽凤阳与定远之间的丘陵山地①

图例：
◎ 地级市行政中心
◉ 县级行政中心
⊙ 乡镇
· 村庄
▲ 国家地质公园
S95 高速公路及编号
铁路
国道

① 基础底图资料来源：中图北斗文化传媒有限公司（编）：《安徽自驾游地图册》，北京：中国地图出版社，2019年，第28—29页。

淮之间地区时已是后半夜；倘若恰逢一个没有星月的漆黑夜晚，他们一行在此旷野平田上行走，到处是沼泽湿地，手上又没有指北针，很难不迷失方向。所以"项王至阴陵，迷失道"，当作"项王迷失道，误至阴陵"解，才合乎逻辑。因为谁都知道，项羽根本没打算——也完全没必要——去往阴陵！

十二　田父何处寻？

　　汉军大队后来能够追上项羽，有赖后者一而再地犯错误，浪费了宝贵的逃命时间。除了误走阴陵，司马迁还特别记录一段"田父指路"情节。他写到：项羽"迷失道，问一田父，田父绐曰：左。左，乃陷大泽中，以故汉追及之。项王乃复引兵而东，至东城，乃有二十八骑。汉骑追者数千人。"① 此段记述疑问甚多。

---

① 杨宪益、戴乃迭对这一段内容的英文翻译："In Yinling he lost his way and asked an old man in the fields to direct him. 'Bear left!' The old man deliberately deceived him, and going left he was bogged down in the marshes so that the Han cavalry came up with him." （司马迁著/杨宪益、戴乃迭英译： 《史记选/Selections From Records Of The Historian》，北京：外文出版社，2001 年，第 63 页。）据说，杨宪益、戴乃迭采用了王伯祥选注的《史记选》（北京：人民文学出版社，1957 年）为其英译的中文底本。（转下页）

第一，垓下之战发生在冬月（阴历十一月）某日后半夜，在伸手不见五指、寒冷刺骨人烟稀少的旷野湿地，怎么会有一位老农夫苦守着专等"偶遇"项羽呢？

第二，这位老农不但能认出项羽本人（此种概率极低，况且很有可能是项羽随从上前问路），还早就对项羽和楚军心怀怨恨，正好借机报复，故意指错方向。种种巧合在此岂非凑得太齐全，太过蹊跷离谱？

第三，田父指示方向时说：左。左，在古汉语中指"左边"，用在地理上方位上指"东"。假定田父是阴陵当地人（问路时身在阴陵地界），他有可能知道立脚所在地和东城的方位关系，后者在阴陵之东；所以项羽一行如问去往东城怎么走，他回应"左"，意指向东走，显然是诚实正确的回答，不论当时在黑夜里他能否清楚辨识哪一方向是东方。从文字看，田父并没指错方向呀！

第四，项羽一行往"左"（东）走，结果陷入湖沼地（左，乃陷大泽中。）。这就更混乱了。因为下文讲"项王乃复引兵而东"，说明只有问路后还继续错误地向

（接上页）参见金鑫荣：《出版与外译：优秀传统经典的出版路径研究——以百年来〈史记〉的出版与传播为例》，《中国出版》2018年第13期，第25—29页；王湜华：《王伯祥选注〈史记选〉的前前后后》，《出版史料》2002年第4期，第40—41页。

西走，才有掉转回头向东的可能，而"左"是怎么也和往西走连不上的。

今有人辩解说：项羽问路后继续西行，因为田父说的"左"，是他自己的左手的方向，而不是项羽一行的左手的方向。这话听起来就像绕口令。按照这种说法，当时田父指路，不但要口说，还要抬手指示方向，说话时的身体站位还必须背南面北。如此解说岂非太狡辩？

不管怎么说，向田父问路后的项羽到底往东走了，还是往西走了？这是个问号。司马迁没说清楚。是他忽略了这一点，还是故意这样记写？总之，这一段记述的合理性可信性都甚低！

十三　推断与猜想

　　项羽从垓下战场返回江东一带，有东线和西线两条路可走。东线是从江苏盱眙过淮河后南下，经广陵（今扬州）过长江。这条路是项梁和项羽带领八千子弟兵造反攻秦时反向走过的路线，也是一条比较熟悉的路线。西线是在钟离（临淮关）过淮河，跨过江淮丘陵地区，东渡长江返回吴地。这是项羽此前没有走过、相对生疏的路线。

　　尽管曾经向西误至阴陵，但项羽不是路痴；"复引兵而东"，说明他能够正确辨识南北东西方位。合理的推想是：项羽渡淮后，在暗无星月的黑夜里，在没有明显地标参照的旷野上奔行，走迷了路；待到曙光初现，方才重新校准了向东的方向，最终抵达东城。请注意：在抵达东城之前，项羽一行一直未与汉军大队正式接战，他迷失方向和走错路，都与汉军的追杀和缠斗干扰无关。

就算项羽当年真的到过阴陵，也没人知道他一行误走阴陵的真确原因和具体线路经过，因为所有当事人——他和所有随从（到东城时只剩下 28 人）——都在后来的混战拼杀中死掉了。那位田父也无处寻踪。这一段史实真相成了谜！不管什么原因，项羽浪费掉五六个小时的先行逃命时间，最终被大队汉军追上。这是事实。他只能自叹运气坏到极点！

汉军追骑大队显然没有走弯路错路，他们似乎掌握了项羽的意图和逃跑路线；否则在广阔的淮河两岸和江淮地区撒网漫搜，别说几千人，就是几万人马也不够用。《史记·樊郦滕灌列传》提示：灌婴"以御史大夫受诏将车骑别追项籍至东城，破之。"据此文字推断：当时是刘邦直接下令追击项羽，但只派了一支"别动队"。背后的可能原因是：当时在垓下战场地区，还有大队楚军人马需要对付处理，广大淮北地区的楚军残存势力还待清除，所以刘邦没有动用主要军力来追杀项羽一行。灌婴率领的"快速机动部队"骑着马并带有战车，一般说来只能经循现成道路、渡口和关隘快速追赶，而无法走荒野湿地或攀爬野岭荒山。

猜想当年的可能情况：是日天明后，垓下楚军开营投降了，汉军得知项羽已经乘夜逃走，或者有人密报项羽出逃以及他大致的逃跑路线。于是，汉军骑兵急驰直追。项羽一行在渡过淮河之后，在暗夜中迷失了方向；在接下来的几个小时内，不是盲目瞎走冤枉路，就是原地坐等天亮；待拂晓时分能辨明方向后，才再向东（南）方进发。这中间很可能根本没有老农夫故意指错路这回事。

鉴于历史真相无人可知，司马迁很可能在此借用或掺揉了民间流传的故事传说，以填补"正史"记叙的空缺。那些矛盾含糊的描写，既可能是他"实录"民间传说的结果，也可能是他故意留下的"破绽"，用以提醒读者：那些经不起检核和追问的记述，并非"客观真实"。不管怎么说，项羽超级倒霉地被汉军骑兵追上，否则他早已逃脱，不会死在长江以西地区。

一般来说，民间故事传说并不特别在意与史实的吻合，其基本功能和用途在于娱乐和劝喻。"田父故事"代表和隐喻项羽逃跑路上所遭遇的、无人知晓的种种羁绊和霉运意外，倒也恰当贴切，并为随后项羽连发"天亡我"的宿命感叹，做了先期铺垫。

项羽折返向东疾驰抵达东城——不论指抵达县邑还是指进入县境，身边随从由百十人再锐减到 28 骑。这说明项羽一行一路上非战斗性减员情况不断发生，随行骑士数量迅速减少。当他在东城被汉军追撵上时，敌军骑兵有五千之众，连久经沙场勇武过人的项羽都"自度不得脱"，喟叹"今卒困于此"。这段记述亦虚实混杂有假有真。

项羽当时的内心活动，手下人不会知道；他当时对手下说了什么，外人不可能知道。当项羽及其一行后来全都死掉，谁来"转播"这些现场情况？正如钱钟书所说，此种"情景再现"大多凭靠合理想象、合情铺陈和编说故事的功夫。

汉军大队大致在什么地方追上项羽，当时他一行大约有多少人，当年的亲历知情者应有不少。这些人有可能留下某种比较接近真实情况的集体记忆或描述。因此，说汉军在东城（境内）追上项羽及他手下二十多随从，大体可信。但倘若再追问双方在东城境内哪一具体地点遭遇的，则就又绕回到本文开头提到的那场争论。

在《项羽之死》中，司马迁几次具体报导项羽身边所剩骑从的数量，显出他对这些数据的重视和肯定。每次交待项羽骑从人数的时间点和位置点，也多与汉军有时空交集，如垓下战场、淮河渡口以及汉军在东城追上项羽时，等等。这背后或许隐含着一种提示，即这些数据和情况在当时具有一定的可核验性和认可度。不过其文说，项羽与汉军追兵激战时，先杀死了百八十名汉军；等到身负重伤临死之前，又独力杀死汉军数百人，就不合常理了。项羽手里又没有重机枪，只用短兵刃就能杀死如此多的敌人？实在令人难信！

当大队汉军追上项羽时，他身边的骑从人数从刚出楚营时的八百减少到不足三十。如此严重的非战斗减员，除了天黑之外，大概只能归因于沿途河流、湿地、山岭或天气等自然地理险阻干扰因素，岂有他哉？

十四 谁来见证"江边对话"?

　　《项羽之死》的高潮是项羽与乌江亭长的"江边对话"。这场对话真的发生过吗？

　　李开元认为：司马迁对于项羽最后力战拼杀而死的描写，是从汉军追杀者视角出发的叙事；因为如果不是亲历者眼见耳闻，如此具体的人物及对话的细节（指项羽认出和对话吕马童，引者注），断然难以编撰得出来。他指出，杨喜此前在东城遭遇战中曾围攻过项羽，被当面呵斥吓退，现又在场见证项羽之死的最后时刻，是此篇记述中唯一两次实姓实名出现的人物，应当是这一历史记述之主要史料来源；而司马迁之女嫁给杨喜五代孙杨敞为妻，所以司马迁很可能从其女婿那里听到这段杨家口传的祖上事迹，再经加工写成的。[1]

对杨喜在场性的考证和确认，一定程度上可以坐实项羽在东城境内被汉军追上，以及他自刎后身体被肢解等事。不过，这只不过重复司马迁所说的项羽"身死东城"而已。就算杨喜真是最后亲手斩杀项羽者之一，他也不能证明项羽最后死在乌江。他的"在场性"与"江边对话"并无关联，他不可能目击和旁听到"江边对话"；而"江边对话"恰是"项羽死在乌江"论断的最核心的地点依据和逻辑依据。

"江边对话"发生的前提是：项羽必须活着抵达乌江（渡、浦）见到亭长。项羽能够做到这一步吗？司马迁未置可否，只撂下一句"项王乃欲东渡乌江"。[2]

怎么理解"乃欲东渡"呢？换言之，动此欲念时的项羽身在何处？假如项羽仍在奔往乌江的途中，那么这一想法——不管司马迁如何得知——只是项羽在战斗或逃跑间隙的一次内心默念。当时的情景是：大队汉军已

---

[1] 李开元：《论史记叙事中的口述传承：司马迁与樊他广和杨敞》，陕西省司马迁研究会/吕培成、徐卫民（编）：《司马迁与史记论集》（第七辑），西安：陕西人民出版社，2006年，第18—34页。

[2] 杨宪益、戴乃迭对此句的理解和英译是：Xiang Yu now considered crossing the River Wujiang and going to the east of the Yangtse."（司马迁/杨宪益、戴乃迭英译：《史记选/Selections From Records Of The Historian》，北京：外文出版社，2001年，第65页。）

经追上了项羽一行，一拨追兵刚被击退，另一拨又蜂拥攻杀上来；如此凶狠的逼围厮杀，令项羽"自度不得脱"。在这种情况下，正常赶路都成了问题，"乃欲东渡"的愿望怎么实现？

还有人把"乃欲东渡"句解释为，项羽此刻已经到达了渡口，正准备东渡长江。如果真是这样，那么项羽此前又是怎么冲破了汉军追兵的重重拦阻和截杀呢？可提供的解释无非两个：一、项羽太过勇猛，汉军根本挡不住；二、汉军并非全力追杀，最终放了他一马。从《项羽之死》的叙述以及他最后战死身亡的事实来看，这两种解释都不成立。

依照常情判断，被大队汉军紧紧追剿的项羽，在没有外援的情况下孤力奋战，很难且战且走逃到乌江渡口。乌江亭长因事先完全不可能知晓项羽的到来和他经行的具体路线，亦无法主动前往接迎项羽，只能在江岸附近被动地坐等"偶遇"。如果项羽自己到不了乌江（渡、浦），就根本无法和亭长碰面，更不用说对话了。

"江边对话"作为一段独立情节，亦缺乏自证力。谁是此事的"录音录像"者？比之薛仁明对"大帐夜饮"情景外传之可能性的怀疑，对"江边对话"目击/传布者存在可能的否定，恐怕会更加绝对。项羽及其扈从全部战死，亭长不知所终，汉军将士也没在场旁听记录；就算真发生过此事，谁是那位传信者？至此，读者基本可以有把握地断定："江边对话"在历史上并未真实发生过，它应属故事传说。

十五　三种选项及可能性分析

　　实现"江边对话"的前提的另一种表述是：项羽必须先翻过江淮分水岭，抵达岭东长江边。他能做到这一步吗？如果今天有人能令人信服地解答此题，那么本文开头所提到的两派争执，也就自然得解了。倘若"是东城，还是乌江"的争论无解，那么"在岭西，还是在岭东"的争论同样无解。不过，这并不妨碍我们对项羽当年能否成功翻越江淮分水岭，做点分析和推想。

　　新京沪高铁线出蚌埠南站后，从北边绕过凤阳南部的丘陵台地，在定远县城和池河镇之间穿过（定远站在今定远县城东 12 公里的池河镇青岗村），直奔东南方向，经隧道穿过江淮分水岭，抵达位于滁州市区和全椒县城之间的滁州南站。在新京沪高铁线的东北方向、与其走向大致并行的，就是出蚌埠后，经停凤阳、明光等站到达滁州（北）站的老京沪（津浦）铁路线（参阅地图六）。

位于安徽中部偏东、东北/西南走向的张八岭山脉在滁州以西的山峰丘岭，海拔相对偏高，如琅琊山、皇甫山（北将军峰）等（参阅地图六），所以新京沪高铁线过岭依靠的是现代交通手段——穿山隧道。

对项羽当年南逃东渡计划来说，江淮分水岭是一个不易克服的地理阻障。面对着它的阻挡，当时有可能发生如下几种不同的情况。

第一种情况：项羽先于汉军追兵通过清流关翻过了分水岭。在此种情况下，项羽将始终握有先行之利，因为汉军骑兵将一直处在尾追位置，只要前面没有大队敌兵堵截，项羽快马脱身的几率相当大。

第二种情况：汉军追兵先手抵达和占据了清流关等过岭的隘口通道，然后搜索截堵项羽一行。如果这种情况发生，那么面对众多汉军骑兵，项羽再想经清流关过岭的可能性就几近于零，而徘徊周旋于关岭之西，只能是死路一条。

项羽有无可能另行择路翻过分水岭？可能性不大。一是史无这种记载，甚至连最大胆的故事传说都没有。二是考虑项羽等人一直骑马（《项羽之死》记：项羽等人与马匹直至死前拼杀的最后关头才分开），在黑夜无路的情况下攀爬荒野山岭，几乎是不可能的。退一步讲，就算他循野径侥幸过岭，也会因绕行太远路线、耽误太多时间，而遭从容过关的汉军大队骑兵正面阻挡和强力围攻，终难脱身而抵达长江边渡口。

第三种情况：项羽先于汉军追兵通过清流关和分水岭，但过岭后迷了路陷入沼泽湿地，被汉军追兵赶上。前文所提《报告》十分赞同此种推断。联合调查组在《报告》中解释说：所谓项羽一行误走之"阴陵"，并非东城县西面的阴陵县，而应是位于江淮分水岭以东的全椒、和县、江浦三县交界处、距离乌江（浦、渡）不远的阴陵山（九斗山）。此地附近古有荒草湖和红草湖，民间相传为项羽迷道的阴陵大泽。①

《报告》此种解释的"功能"，是把"阴陵"和"大泽"从江淮分水岭的西边，"整体搬迁"到分水岭的东边；将《项羽之死》所记相关活动的发生场地统统"挪"到乌江渡口附近。②此种"移山缩地"做法的潜在意图和直接作用，在于尽量弱化江淮分水岭作为客观

① 中国史记研究会、和县项羽与乌江文化研究室联合考察组：《项羽垓下突围南驰乌江线路考察报告》，《渭南师范学院学报》第24卷第1期，第3—9、30页。袁传璋：《项羽所陷阴陵大泽考》，《学术月刊》2009年第3期，第115—121页。
② 刘思祥、熊明涛：《"阴陵"在定远不应怀疑——与王贵华同志商榷》，《安徽史学》1988年第2期，第35页。

地理阻障，在相关辩争讨论中，可能对"乌江说"产生的冲击和否定力量。

就常识和逻辑而言，《报告》认为项羽当年成功翻越了江淮分水岭的看法及理据值得商榷。第一，如果项羽能顺利地在黑夜和旷野环境中，通过了岭西地区众多平野、沼泽、河流和丘陵阻障，成功翻过了江淮分水岭进入长江流域，那么他就已经克服了逃跑路上最艰巨和最主要的困难。随着东方放亮，外部条件因素全面转好，成功就已经近在眼前了。这种可能性大吗？

第二，项羽在途中浪费了五六个小时的先行之利，这大抵是历史事实。但这些时间究竟浪费在哪里？是较为复杂艰难的岭西路段，还是相对容易的岭东路段？何种可能性推断更合情理、更易令人信服？一般来说，人在复杂困难环境中犯错的几率更高。假设项羽迷路受困的场域在分水岭以西，那么他就始终面对复杂地理环境状况和必须尽快找到正确路径跳出困境的巨大压力。在此紧急忙乱境况中，迷失方向、做出错误决策和误走冤枉路的可能性显然更高。由此推测，项羽在岭西迷路并耽误了时间的可能性，显然要比岭东地区更大一些。

第三，如果汉军在岭西地区追上项羽并展开攻击，那么分水岭就成了替汉军拦阻项羽东窜的"好帮手"。反之，如果追堵活动的场域环境搬到了分水岭以东，那么"我逃你追"活动，就会在没有险峻地理阻嶂和"网开数面"的情况下展开。那样的话，项羽成功逃脱的可能性就会更大些。不争的事实是：项羽的逃跑计划最终失败了。

当年的具体真实情况，今人完全不得而知。假如联合调查组能对相关地理区域及可能的路径进行"重走当年路"式的实地模拟踏勘考察，或许能获得一些更有意思和更有说服力的发现与启发。可惜调查组未能多留意这些方面。从一般常识常理角度推测，项羽大概因迷路未能先于汉军追兵过岭过关，他最后的战死地点似应在江淮分水岭以西某地。当然，"乌江说"持论者始终坚信，项羽死在分水岭以东。

十六　为何"临江拒渡"？

"江边对话"是两个人物之间的一场素景对白。乌江亭长只说了一句，开了个头，项羽就情绪充沛地滔滔不绝。细心的读者可能会发现，项羽此番话语与他整个出逃事件的逻辑理性相矛盾。

首先，项羽一路奔逃的方向、路线和目的地的选择及指向都比较明确，并不像一时冲动的盲目行为。从"复引兵向东，至东城"，再到"乃欲东渡乌江"，可以看出项羽此行意欲逃往江东，以求东山再起卷土重来。

其次，既然突围逃跑是一种既定的行动安排，那么抵达长江边并有渡船可以载其过江，就意味着成功在眼前。项羽不应该——更不可能——在此时此刻突然"良心发现"，临时急刹车，毅然决然放弃过江。

最后，在冲出垓下楚军大营的那一刻，项羽在心理和行动上就已然置"八千子弟兵"于不顾了。如果真把兵卒和江东父老的信任、拥戴与托付放在心上，他此刻理应在垓下营垒与十万将士并肩作战，直到生命最后一息。面临兵败和生死考验的项羽，似乎只有这样做，才能真正体现出他与手下将士生死同命的态度和决心；而不是独自先行逃命，待狼狈地跑到长江边，才猛然想起愧对尸横战场的众多手下。临江方拒渡，岂非有点太晚？如果当初突围逃跑是项羽的主动抉择——迄今为止尚未发现他受胁迫出走的任何线索和迹象，那么后面"不肯过江东"的逻辑理性就出了大毛病！

司马迁告诉读者：当见到汉军大队骑兵追赶上来时，项羽自觉此番难以逃脱了（"自度不得脱"）。如果这一心理活动记录"属实"，那么他在此刻之前应当怀有"自度可得脱"的侥幸心思，并一直在努力奔逃求生，尚未下定弃生就死的最终决心。"今日固决死，愿为诸君快战"语，亦当解为他面对和身陷死境时奋勇决绝的表态，此心态之前提仍是"既然欲生而不可得"。

今天的读者不难看清："江边对话"是不对等的交流；与其说是两个人的对话，不如说更像一个人的演说。项羽似有腹稿，从容道来，有理有情，累迭递进，直冲高潮。在那般危急紧张、血腥残酷的环境和关头，项羽何需绕那么大圈子，在如此"高大上"的层次耐心反复劝服，以谢绝那位素不相识的亭长的好心帮助？此刻的项羽疑似借机向广大江东父老——甚至天下百姓——剖心告白。

项羽这番慷慨大气的表白，令无数听者动容；然它又多少显得有点突兀和意外，以至于听者在被深深感动之余，不免心生一丝难以名状的怀疑：细嚼慢品，总觉得项羽的这番话像是谁塞进他嘴里，再由他和盘倾吐而出的。这种似乎多事的怀疑有没有一点道理呢？

十七　钱钟书的评与批

　　《史记会注考证》（以下简称《考证》）是日本汉学家泷川资言编撰、1934 年刊行于世的一部书，是继"三家注"（即南朝宋裴骃《史记集解》、唐司马贞《史记索隐》、唐张守节《史记正义》）之后，对《史记》研究成果最重要的梳理和汇总，集《史记》问世以来注家、学者相关研究之大成。① 钱钟书在《管锥编》中记录了他阅读《考证》的心得、解释、参注及评议②。以下是《管锥编》中涉及《项羽本纪》的几条内容。

---

① 泷川资言（1865—1946），通称泷川龟太郎，号君山，日本汉学家。
② 钱钟书：《管锥编》（一），北京：生活·读书·新知三联书店，2007 年。

插图3　泷川资言著《史记会注考证》

鸿门宴上，刘邦见形势不妙，就借口如厕与几名手下悄悄溜逃，返回灞上军营，留下张良向项羽致歉说，沛公酒量不大，又喝得多了点，唯恐失态，故先自告退，不能当面拜辞大王。《考证》引录明朝人董份的点评：楚营必有警卫守门盘查进出，刘邦怎得擅自离营？况且刘邦、张良、樊哙等人离席时久，难道没人生疑？范增一心想当庭诛杀刘邦，唯恐错失此良机，岂容刘邦长久不回？董份说："此皆可疑者，史固难尽信哉！"钱钟书评批："董氏献疑送难，人情合理"；并指出刘邦出去以后，项羽曾派陈平去召他回来，但结果如何也没下文；"项羽固未尝'竟不一问'，然平如'赵老送灯台，一去更不来'，一似未复命者，亦漏笔也"。①

钱谦益《牧斋初学集》推崇司马迁之史笔胜过班固，认为写鸿门宴中刘邦、张良、项羽、樊哙等对答细节生动逼真，而班固《汉书》把这些精彩都删掉了。钱钟书点评钱谦益之说："其论文笔之绘声绘神，是也；苟衡量史笔之足征可信，则尚未探本。此类语皆如见象骨而想生象，古史记言，太半出于想当然。马善设身处地、代作喉舌而已，即刘知几恐亦不敢遽谓当时有左、右史珥笔备录，供马依据"；"马能曲传口角，而记事破

---

① 钱钟书：《管锥编》（一），第541页。

绽，为董氏所纠，正如小说戏曲有对话栩栩如活而情节
布局未始盛水不漏"。① 上述钱钟书评点中的"马"，是
简代司马迁；"刘知几"是唐代著名史官；"左史、右
史"是官名，春秋时晋、楚两国初设立，一说左史记
动，右史记言，又谓左史记言，右史记事；"珥笔"指
把笔插在帽子上，以备随时书写记录。

　　钱钟书"古史记言，太半出于想当然"语，意在提
醒读者阅读中国古代史书时，要保持警觉；而"马能曲
传口角，而记事破绽，为董氏所纠"，则点出司马迁用
"文学"手法来缝补缀连史事的做法，而发现其中明显
的"破绽"，是辨别这类撰述的可行方法之一。《管锥
编》还收录了清朝人孙宝瑄对鸿门宴情节的看法，钱点
评说"亦同董份之见，以为'甚不合情理'"。②

　　对项羽垓下大帐夜饮悲歌一节，《管锥编》引明末
清初周亮工语：余独谓垓下是何等时，虞姬死而弟子
散，匹马逃亡，身迷大泽，亦何暇更作歌诗！即有作，
亦谁闻之而谁记之欤？吾谓此数语者，无论事之有无，
应是太史公"笔补造化"，代为传神。本文前面曾引薛
仁明之猜疑，看来古人也早有类似推断。钱钟书认为周

① 钱钟书：《管锥编》（一），第 451—452 页。
② 钱钟书：《管锥编》（一），第 452 页。

插图4　钱钟书《管锥编》题签页

亮工之说"语虽过当，而引李贺'笔补造化'句，则颇窥'伟其事'、'详其迹'之理，故取之"。[①]

金朝人王若虚的《滹南遗老集》责斥太史公曰项羽重瞳子乃帝王之相，认为"后世状人君之相者，类以舜重瞳为美谈，皆迁启之也"。钱钟书道："王若虚论文每苦拘墟，而说理多明允可取，此其一例"；而"《考证》偶一征引，采撷无几，当是卫护马迁，恶王氏之上门骂人而又取闹有理尔"。[②] 这最后一句正是典型的钱氏话语风格——肯定王若虚批评有理，也顺手调侃泷川君一笔。

除了《项羽本纪》，《考证》评《廉颇蔺相如列传》："《国策》记廉事颇略，而无一语及蔺，此传多载他书所不载。"钱钟书评道："此亦《史记》中迥出之篇，有声有色，也许多半出自司马迁的增饰渲染，未必信实有征。写相如持璧郤立倚柱，怒发上冲冠，是何意态雄且杰！后世小说刻画精能处无以过之。"《管锥编》记清代学者武亿读到《廉颇蔺相如列传》此段时说："危险了！这是拿赵王当赌注呀！"；并赞曰："这真是勇者之所为，幸好成功了，事后令人感叹称奇！"钱钟书说：武亿

① 钱钟书：《管锥编》（一），第 454 页。
② 钱钟书：《管锥编》（一），第 454—455 页。

"论事理甚当，然窃恐为马迁所弄而枉替古人担忧耳"。①

　　除了针对史实性记载，钱钟书亦指出，《史记》在思想观念和书写一致性等方面也有自相矛盾的地方。比如他说：司马迁既不信天道，而复持阴德报应之说（见《陈丞相世家》），既视天梦为梦，又复以为冥冥之中尚有纲维主张在；圆枘方凿，自语相违。他还说：司马迁对"其书世多有者，是以不论，论其逸事"，"于老、庄、孟、荀之书亦然"，然对贾谊、司马相如、韩非、屈原等人的词赋文章则整篇收录；这些著书"学者多有"，"垂世行远"，何须全录？②

① 钱钟书：《管锥编》（一），第 516 页。
② 钱钟书：《管锥编》（一），第 498、500 页。

十八　李长之和宫崎市定的解说

后世研究者对《史记》叙事行文存在疏漏、不确和矛盾等现象的原因的分析和解释各不相同。

李长之说：司马迁"在《史记》中根据已成的东西处是远远超过于自己的探索的，懂得这种情况，就不怪《史记》中风格之杂了，也不暇怪他偶尔有着矛盾了；反之，却只觉得他涉猎广博，贯彻经传，驰骋古今，上下数千载间，斯已勤矣！"他认为：司马迁的著述依据前人已有材料为多，但其著述方法是"整理剪裁"，即寻出或赋予已有资料一种意义；同时"运用他的文学天才，把自己的人生体验（大部分是人生苦果）交织于其中。就整理剪裁而言，司马迁的工作是客观性质的"；"他往往采用已有的论断作为代言，假若和自己的不相远"。只因为司马迁的保存或改动原始资料并不均匀，

插图 5　李长之著《司马迁之人格与风格》

加之他本人风格丰富变幻，致使精确区分"史实"与"渲染"变得十分困难，以至"《史记》在史书之外，乃是一部像近代所谓小说或者抒情诗式的创作"。①

李长之在整体宏观层面为《史记》的史学真确性辩护，即《史记》是一部文学成就很高的史书。他并不深挖细究书中那些矛盾和可疑之处的根源，希望一般读者能理解这种"双重性"。这是一种文学批评而非史学研究的处理方式。作为一本史书，《史记》中那些"矛盾"和"不实"内容，究竟来自既有书面材料，还是来自司马迁的实地调查采集？换言之，它们是前人记载有误、司马迁未能识别而照搬的结果，还是他收录了"道听途说"的民间资料？对此，李长之未一一深究。

梁启超也说，鉴别史料之误者或伪者，最直捷的矫正之法是"举出一极为有力之反证"。但他又说，"历史上事实非皆能如此其简单而易决，往往有明知其事极不可信，而苦无明确之反证以折之者"。一旦阅读和研究遇到此种情况，该如何处理呢？梁启超的建议是：第一

---

① 李长之（1910～1978），中国现代作家、文学评论家，文学史家；主要著作有《道教徒的诗人李白及其痛苦》《司马迁之人格与风格》《鲁迅批判》《苦雾集》《陶渊明传论》《中国文学史略稿》等。此段引述见李长之：《司马迁之人格与风格》，北京：生活·读书·新知三联书店，2013年，180—184页。

步只消极地发表怀疑态度，以免为真相之蔽；第二步，不妨换一方向，另辟蹊径，继续探究，立假说以待后来之再审定。①

对《史记》的"不确"和"可疑"内容，宫崎市定的解释是：到了司马迁的时代，许多历史事迹经过不断的传说化、故事化，已经分不清中间哪些是史实，哪些经过了润色。这种混融情况渗入到《史记》的写作中。《史记》中有些记述紧张连贯，扣人心弦；如当史实来读蹊跷奇怪，但当戏剧来读就非常优秀；在那些最优秀的篇章中，这种感觉尤为明显，如《伍子胥列传》、《魏公子列传》、《滑稽列传》和《刺客列传》等。他特别举出《伍子胥列传》，认为它恐怕是从《春秋》、《左传》、《韩非子》和《吕氏春秋》中有关故事和记载发展而来。②

---

① 梁启超（1873～1929），字卓如、任甫，号任公、饮冰室主人，中国近代思想家、政治家、教育家、史学家、文学家、报人；主要著作《饮冰室合集》共计148卷，1000余万字。此段引述见梁启超：《中国历史研究法》，北京：中华书局，2009年，第88—90页。
② 参见宫崎市定：《宫崎市定解读〈史记〉》，第121—122页；高云萍：《伍子胥故事的历史演变》，《枣庄师范专科学校校报》2004年第1期，第73—76页。

十九　一个鲜活的实例

　　《史记》是文、史成分元素水乳交融的产品。司马迁当年如何具体剪裁编撰材料，书中哪些内容是历史实录，哪些内容属文学性加工，今人已经无法确知，也很难一一区分。幸运的是，司马迁在《项羽之死》中，留下了他是如何杂糅文史、腾挪叙事的清晰笔触和种种痕迹，令后世人得以窥见和推知他的部分的复杂心思。

　　《项羽本纪》自开篇起，一般平直客观地叙事记言。然自"项王军壁垓下"（《项羽之死》段）起，司马迁转而集中笔墨交代和状写项羽的内心情感和心理活动，如"项王乃大惊"，"悲歌慷慨"，"泣数行下"，"自度不得脱"，"此天之亡我，非战之罪也"，"今日固决死"，等等。

　　项羽杀退汉军重新聚集手下骑兵，发现只损失了两骑，遂问"怎么样?"手下骑从都敬服地说:"正像大王说的那样!"（乃谓其骑曰:"何如?"骑皆伏曰:"如大王言!"）阅读此句，项羽那一副傲然得意的神情，仿佛就在眼前。所有这些情绪和心理活动的细致记述和描绘展示，在《项羽之死》板块之前，几乎从未在《项羽本纪》中出现过，更不用说如此活灵活现般。

众所周知，关于项羽垓下突围及此后的种种活动的史料记述，具有相当大的"不确定性"，相关记载和描述的史实可靠性难以确证。然而，司马迁恰恰自此段开始，一改此前记事录言的谨严笔法，转而侧重刻画项羽的内心情感活动和心理态度反应。在可靠史实材料已然明显缺乏的情况下，反而加大力度记写本来就不易捕捉和难以核验的"虚渺"内容，这是纯粹和专业的史家做法吗? 这种"弃实就虚"的反方向用力，岂不令《项羽之死》内容的历史确实性和可靠性进一步下降吗? 岂不是让那些原本"不易相信"的，变成了"更不可信"吗? 司马迁此处主动调换叙写重点的痕迹相当明显，故推想他应是有意而为之。他为什么要这样做呢?

《项羽之死》的写作重点由此前相对客观地介绍"史实项羽"，至此转向侧重描画呈现"情感项羽"。这种叙事笔法的变化在效果上有如音乐的转调，即虽然原有音乐主题和旋律未有大变，但因调性的转换和对比，使得音乐流动的色彩、松紧、旨趣和意境不同此前。从传播扩散的角度来看，笔触深入传主的内心情感世界，既可让写家获得较大的自由发挥空间，又可因开辟了新的叙事维度而有效提升作品的感染力。现代报告文学就经常采用这种手法。

此前提过，司马迁更关心更重视展现项羽是"怎么死"的。这种重视和展现可以分解为两个层面：表面的一层指对项羽赴死过程和经历的关注和记录，即详细地介绍交代相关行动和过程等情况。内里的一层在于揭示项羽对赴死的看法和态度，以及他所选择的结束自己生命的方式等。

欲要充分展现项羽对他自己生死命运的看法、态度和处置，就必须调用恰当的表现形式和手段。司马迁的处理是：放弃此前由第三人称"代言"叙事的方法，转由项羽亲自"表演"和"发声"。于是乎，那个此前一直躺在纸面上的静态文字符号"项羽"，自"军壁垓下"始，一跃而起变成了一个鲜活的生命，矗立并活跃在读者眼前，一直到他自刎而死，才又轰然倒下。此时的项羽俨然舞台上的演员：他说，他唱，他哭，他笑；时而愧疚沮丧，时而威武高傲；他策马突奔，挥砍厮杀，临江拒渡，赠马亭长；一场接一场，一幕又一幕……

不论记录项羽出逃过程经历，还是展现项羽彼时的心理状况，司马迁想必始终承受着史实缺失、证据匮乏的难题压力。对此，他宛如高超的魔术师，有本领在读者的眼前移花接木：在"项王军壁垓下"和"乃自刎而死"这两个确凿的史实节点之间，插入若干剧情和场景片段以填补空白，巧妙地化解了难题和渡过了难关。这些插入的内容大概就是《史记》的"文学"部分，也是司马迁"运用他的文学天才"进行"整理剪裁编撰"的地方吧。

当年项羽本人从垓下突围到最后战死，是一个受自然时序严格限定的线性行为过程。然司马迁在作传时，却可对这一过程进行超越时序的审视和规划照应。换言之，作家撰写传记时，可以"瞻前顾后"地统领把握，令种种事情和事件的变化发展前后呼应。历史的时序无法干预，戏剧的逻辑则可以安排。《项羽之死》展示出司马迁卓越的戏剧和导演才华。

大帐夜饮的项羽，心理调子是悲伤灰暗的，也是自我和狭窄的。他对虞姬的愧欠感情止于私情亲情层面，且无任何对应的回报行动；而后面项羽之"不肯过江东"，则缘于无颜见江东父老的良心自责和政治担承，此时的愧疚之情已然上升到政治和社稷层面，代表君王对子民的一种深深愧对。不仅有此种态度表示，他还自愿献上自己的性命，作为一种回偿和酬答。这种情绪、情感和行动的呼应关联以及境界层次的递升，环环相扣，浑然相融，产生强大感染力。

项羽最开始的突围逃命意在求生，待与汉军追兵接战后，或许心态也随之发生改变，接受下"天之亡我"的命运安排。就一般常理而言，在战场激烈拼杀环境中，如项羽高呼大喊"天亡我，非战之罪也"，大概也只能视为是他为自己和手下兵士奋勇杀敌鼓劲打气而已，岂可当成正式庄严的命运宣言？

《项羽本纪》的"太史公曰"也说：项羽"天亡我，非战之罪也"的认识十分荒谬。不过，太史公的这一句是基于史实的总结性点评；其意在提醒读者注意项羽所犯下的种种政治军事战略错误和一生骄傲自负而不知觉悟的性格偏失。当"天亡我，非战之罪也"句，出现在不同的情境和不同的上下文句中时，它们的语意内容和表达指向其实是不太一样的。对此，读者需要稍加小心。

换个角度来说，此时此境的项羽如真将生死归之于上天命运，亦表明他已经把生死问题彻底放下和完全抛开了。因为，当人突然堕入死境或只有"死"这一条路时，可供的选项就只剩下"如何死"了。项羽选择力战而死，并贯彻执行之，直到生命的最后。从突围逃跑，到被困认命，再到决心拼杀战斗而死，项羽最终完成了他由突围求生到直面死亡的态度转变，并果断选择了他就死的方式。这一切正是司马迁对项羽形象的塑造定型！①

　　撇开种种史实考证和争议不谈，《项羽之死》文本中上述种种情绪和情节的发展线索清晰而连贯。作为历史学家，司马迁当然知道，转向重点描写项羽的心理和情绪活动，会偏离依据确凿客观史实证据书写的史学正道。然而，他却依然坚持这样做，说明他十分想留下这些他很想告诉读者的情况和内容。事实上，项羽自己究竟想怎样去死，打算为什么而死，我们并不知道；所能知道的，只有司马迁留下的记述。

---

① 韩兆琦认为："《项羽本纪》写垓下之战、东城之战、乌江自刎全长八百多字，目的是写项羽的性格，和表现作者对这位悲剧英雄的惋惜和同情。"（韩兆琦：《史记讲座》，桂林：广西师范大学出版社，2017年，第359页。）

二十　司马迁的生命观

　　司马迁完成《史记》全书后不久就死了，具体时间和原因都不详。一些人怀疑他很可能是自杀而死。他死前不久写下的《报任安书》，是后世人窥知其内心精神世界的一手文本资料。①

　　司马迁在《报任安书》中说："人固有一死，或重于泰山，或轻于鸿毛，用之所趋异也"。②此泰山鸿毛之句的重点，落在"用之所趋异也"，即人们用死（生也是如此，引者注）来换取和追求什么，决定了他们死（生）的价值意义。

---

① 《报任安书》全文见《汉书·卷六十二·司马迁传第三十二》（班固：《汉书》，北京：中华书局，2007年，第619—622页）。
② 参考译文：人本来就有一死，有人死得比泰山还重，有人却比鸿毛还轻，这是因为他们用死来追求的目的各异。

插图 6　司马迁像

在司马迁看来，生死不过表象而已，是实现人生更高追求的凭籍。他还说，"且勇者不必死节，怯夫慕义，何处不勉焉！仆虽怯懦，欲苟活，亦颇识去就之分矣，何至自沉溺缧绁之辱哉！且夫臧获婢妾，犹能引决，况若仆之不得已乎？所以隐忍苟活，幽于粪土之中而不辞者，恨私心有所不尽，鄙陋没世，而文采不表于后也。"[1] 身为刑余之人，司马迁所以坚忍地活着，正是为了能完成《史记》的书写。

然当形势加身时，如能果断引决自裁，亦是勇者表现。《报任安书》写道，"（韩信、彭越等）皆身至王侯将相，声闻邻国，及罪至罔加，不能引决自裁，在尘埃之中。古今一体，安在其不辱也？由此言之，勇怯，势也；强弱，形也。审矣，何足怪乎？夫人不能早自裁绳墨之外，以稍陵迟，至于鞭棰之间，乃欲引节，斯不亦远乎！"[2] 正因如此，《史记》叹息韩信、彭越等人憋屈地被

---

[1] 参考译文：勇敢者如不以死殉节，怯弱者如真仰慕节义，定能在任何境况下激勉自己！我虽然胆小软弱，想苟活在人世，也还懂得偷生与赴死的区别，哪会甘心牢狱忍屈受辱呢？再说奴隶婢妾尚能果断自裁，何况像我落入如此不堪境地？我之所以忍受污辱苟活下来，是痛惜心愿尚未实现，若平庸死去，我的文章风采就不能见表于后世了。

[2] 参考译文：韩信、彭越等人的身份地位都及王侯将相，声名传扬到邻国，等到犯了罪律法身时，却不能下决心自杀，结果坠入尘埃之中。这种事古今都一样，哪能不受辱呢？如此说来，勇或怯，都是形势所造成；强或弱，也是形势所决定。看清楚了，还有什么可奇怪的？人若不能早在被法律制裁之前就自裁，以期少受折磨，等到挨打受刑时，才想到要伸张名节，这种愿望岂不距离现实太远了！

处死的下场，亦敬重李广自刎拒辱的勇气。相比韩信、彭越之辈，读者所见到的项羽的死，可谓英雄大气。

司马迁说："取予者，义之表也（索取什么和付出什么，可见出义与不义）。"此语与泰山鸿毛句之意相类，然指向更贴近具体实际。在此不妨看司马迁笔下的项羽，在他生命的最后时刻，用性命换取什么：

——项羽放弃东渡过江，决心以死来酬答江东父老对他的信任和托付；

——自己宁愿下马步战，显示出对多年伴其征战的战马的爱怜和不忍；

——最后将自己的头颅送给敌将，展现出慷慨就死的豪气与洒脱。

从对江东父老，到对自己的战马，再到对敌将对手，项羽弃生取义的"交换"层层累迭，其人格和形象逐渐趋于完整完美。后人每读至此，莫不为项羽舍生取义的情感和气势所震撼和感动。司马迁在《项羽之死》中埋下的情绪情感线索稳步发展推进，至此终成完美文章矣。[①]

① 钱钟书说："马迁行文，深得累迭之妙。"《史记·项羽本纪》写楚军击秦，"楚战士无不一以当十"，"诸侯军无不人人惴恐"，"待秦军破，项羽召见诸侯将，入辕门，无不膝行而前"，迭用三个"无不"，甚有精神。篇末写项羽"自度不能脱"，一则曰："此天之亡我，非战之罪也"，再则曰："令诸君知天亡我，非战之罪也"，三则曰："天之亡我，我何渡为！"（钱钟书：《管锥编》（一），第448页。）

这最后一幕场景的关键词正是"予"：项羽把生命献给了江东父老，把战马托付给亭长，把自己的头颅送给吕马童；这些举动分别对应酬答江东父老子弟的信任和拥戴，感谢亭长的一片好心，念及与故人曾有过的情谊。项羽的人格形象和道德魅力最终升华和定格！相信这一切皆经过司马迁的斟酌把关，体现着他的表达和意愿。他所认可的项羽的死，正应是这样的。司马迁令项羽不朽！

二十一 何谓"罔罗天下放失旧闻"?

《项羽之死》的叙事忽详忽略，各单元小段也长短不一；各节之间有时生硬断裂，有的则"无理"跳接，就像在一条晒衣绳上挂着若干件大小各异、样式不同的衣裤一般。那些小单元有的宛如一场小戏，有情境，有人物，有动作，有对话；有的只几笔交代，甚至一句带过。对此，有人可能会说，这恰是司马迁大手笔剪裁处理的结果呀。可是，如果不抱成见地换个角度猜测，这种结果状况有无可能是作者受到原始素材资料的局限和制约？

司马迁在《太史公自序》和《报任安书》中两次说明：为了《史记》写作，他"罔罗天下放失旧闻"。怎么理解这句话呢？

根据李长之分析，《史记》的内容来源主要有五大类：政府档案、现成书篇、其父司马谈的旧稿、司马迁的实际的见闻以及他自己的推断。前三类都是现成书面文本。"实际的见闻"是司马迁旅行寻访及听人述说的内容。"自己的推断"是他的编撰处理，包括删减添增和"有所虚构"。[①]

其实，《史记》资料来源可以更简化地分成两大类：一类是当时可得的所有书面文字材料，包括官方档案、各种书篇文本，甚至官方手中掌握和保存的各种违禁材料。另一类是司马迁通过直接间接的寻访活动所获得的、那些在社会上以口头方式流传的、有关过往历史的各种内容和信息。

考虑到当时的技术水平和社会条件，几乎所有时存书面文字资料都可算作"正规""正统"一类，特别是经秦朝"焚书坑儒"之后。司马迁接替其父担任朝廷史官太史令一职，在占有、寻找、调用和查看这类资料数据方面，居于无人可及的优势位置；就算搜寻各地那些零星散落民间的书面材料，情况也大抵如是。所以，他努力"网罗搜集"材料的重点，应该不是第一类，而是第二类。他所欲尽力网罗者，主要应是官方和正规信息系统中所没有的、散失掉的或者不会保存、不予关注的

[①] 李长之：《司马迁之人格与风格》，第 181—182 页。

信息。这类"民间流传"的信息内容在当时通常只能以口头方式保存和传播，正是李长之所说的，司马迁在旅行和寻访过程中听人说讲而得到的内容。

明了这一层，便可大致猜出，司马迁说"网罗天下放失旧闻"，实际是想告诉读者，他希望《史记》能尽量收纳和保存那些正统史官和史书"漏失"、"不屑"、甚至"忌惮"的、有关历史的各种民间声音和话语表达。所以，"网罗天下放失旧闻"一语中实际蕴含着某种"异见"史观。鲁迅曾说《史记》乃"史家之绝唱"，是否也缘此而论？

尽管主观意欲"网罗天下放失旧闻"，并尽力践行之，但实际的收获和结果却不一定就理想或满意。司马迁很可能有时虽遍访细察却了无所获，更多的情况是，所收获的只是些支离破碎的片断或完全荒诞离谱的臆说，根本无法进行有意义的整理、提炼和利用。这种推测或可作为阅读《项羽之死》时的参考提示。

那么，当时有可能提供"散失的历史旧闻"的民间供应端的情况又如何呢？

宫崎市定说：司马迁会尽可能实地走访相关遗迹，并向着老们打听，此外他还很有可能直接吸收和采用了当时流行的、由倡优表演的戏剧——"偶语"——的故事内容。他说，读一读写得非常有趣的《魏公子（信陵君）列传》，这种感觉尤其明显。①

　　宫崎举出的两条线索中，第一个是具体的、直接的和实地的调查渠道，即通过亲访故地遗迹和访谈耆老乡众等方式，来获取或验证相关信息。这种采访得来的信息内容在《史记》中常可读到。比如，司马迁就直接说过："吾适丰沛，问其遗老，观故萧、曹、樊哙、滕公之家，及其素，异哉所闻"；"余与他广通，为言高祖功臣之兴时若此云。"② 司马迁在他二十岁时（公元前126年）曾游历全国，尤其偏重南方地区（"二十而南游江、淮"）；其间，他曾经吴县、丹阳、乌江到寿春，自南向北穿越江淮分水岭，大略反向穿行项羽最后逃跑时所经区域（参阅地图八）。所有这类性质的调查都属于历史研究的范畴，所获得的信息数据也具有一定的史学价值。

　　第二个是从当时社会和民间的文艺娱乐表演活动中汲取相关信息。文娱表演活动是社会性的，流传面相对较广；其内容的创作、记忆、传承和发展是集体性的，

① 宫崎市定：《宫崎市定解读〈史记〉》，第128页。
② 参考译文：我曾经到过丰县沛县，访问当地的遗老，观看原来萧何、曹参、樊哙、滕公居住的地方，打听他们的故事，所听到的真是令人惊异呀！……我和樊哙的孙子樊他广有过交往，他和我谈的高祖的功臣们开始起家时的事迹，就是以上我所记述的这些。（《樊郦滕灌列传》）

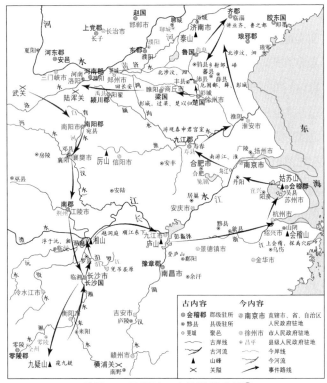

地图八 司马迁二十壮游线路图①

---

① 基础底图资料来源：张大可：《〈史记〉导读十讲》，北京：人民出版社，2019年，第12页。

加之依赖口头方式流传，没有固定的版本，也很难追溯其原创者和出处根据。对于历史寻访者来说，第二种来源的内容供应显然更丰富更宽广，接触和收集起来也比较容易，但如把它们当作史实信息直接使用，一般不合乎史学研究的正统规范。

根据宫崎市定的研究，秦汉时期的"偶语"表演，通常二人一组，时而跳舞演剧、时而进行议论，是当时的一种社会文娱活动，常常在宫廷或民众聚集的市场上演出。宫崎推测：司马迁将偶语剧当作史料记录下来，比如《滑稽列传》中优旃反语谏秦王的对话、《秦始皇本纪》中指鹿为马的故事等。他认为：类似这样的记述，如果当作历史真实的发生来读，就非常奇怪，也非常危险；因而很可能只是后来由优旃式演员（侏儒歌舞艺人）进行的讽刺表演。他觉得，若真把鹿牵到公卿满堂的朝堂上，鹿要是又蹦又跳就麻烦了。但是如把这一幕当作喜剧演出来读，就非常优秀；鹿的扮演者头上插着犄角上蹿下跳，群臣争执着是鹿是马的场景，足以令人捧腹。他说，《史记》常有这类作为戏中一幕出现才合适的场面描写，而且往往特别生动逼真，但其实并不能直接把它们当作真确的史实来看待。[1]

---

① 宫崎市定：《宫崎市定解读〈史记〉》，第125—126页。

插图 7　《宫崎市定解读〈史记〉》

二十二 "偶语"是"二人私下议谈"吗?

　　宫崎认为"偶语"是一种二人演出的表演，但有些《史记》注解释文，把"偶语"解为"二人私下谈议"、"在一块儿议论"。哪种解释正确呢?

　　秦丞相李斯上书秦始皇曰:"今诸生不师今而学古，以非当世，惑乱黔首。……臣请史官非秦记皆烧之。非博士官所职，天下敢有藏《诗》《书》、百家语者，悉诣守、尉杂烧之。有敢偶语《诗》《书》者弃市。以古非今者族。吏见知不举者与同罪。令下三十日不烧，黥为城旦。所不去者，医药卜筮种树之书。若欲有学法令，以吏为师。"制曰:"可。"(《秦始皇本纪》)①

---

① 参考译文:"现在儒生们不师今，偏要学古，以此来诽谤当世，惑乱民心。……臣请求下令让史官把不是秦国的典籍全部 (转下页)

此处的"偶语"，如解为"二人私下谈议"，字面上似乎也说得过去，但结合上下文看，就难站住脚了。首先，李斯奏议旨在加强社会信息传播管控，从这一立场出发所提出的对策措施，必须切合实际情况且具有可操作性。其次，如果意在严管"二人私下谈议"的行为，那就意味君皇权力干涉要深入所有人的私生活空间，直接检查和监控每个人的私人私密活动。这可能吗？显然，这样的解读思路有点跑偏。最后，李斯所提出的三项管禁措施，各有具体针对性，各相对应的刑罚也是依次递进、收紧和加重的；"偶语"如作"二人私下谈议"解，在逻辑上讲不通。

比如，第一项措施是全面禁绝违禁的书面文本在民间的保存和流传，简言之就是禁书＋焚书；目的是消除所有违禁书籍文献的社会流通，禁绝私人收藏，民间已有的违禁书籍必须限时销毁。对违反这一规定者的处罚是刺面、流放和苦役，但尚不夺人性命。

（接上页）焚毁。除博士官署所掌管者外，天下凡收藏有《诗》《书》、诸子百家著作的，全都送到地方官那里统统烧掉。有敢偶语《诗》《书》者，当众处死；借古非今者，抄斩灭族。官吏如果知而不举，以同罪论处。命令下达三十天后仍不烧书者，处以脸上刺字的黥刑，发配边疆，白天防贼寇，夜晚筑长城。医药、占卜、种植之类的书不取缔。想要学习法令，就以官吏为师。"秦始皇下诏说："可以"。（《秦始皇本纪》）

第二项措施是禁止"偶语"违禁内容，"偶语"在此是动词。"偶"（通"耦"）本意为两人一起耕田；古人注"偶，对也"。"二人对谈"可以有私密的和公开的两种方式。如将其解为"二人私下谈议"，那么古代统治当局将如何有效地监控和审查民众个体之间的私谈活动及私谈内容呢？显然作如是解，此条规缺乏操作和落实的可行性。除此而外，私人之间谈议违禁之书的内容，一般说来罪过比私藏禁书为轻。但在这里，"有敢偶语《诗》《书》者"所面对的刑罚，却比私藏禁书要重得多。秦朝对违犯此条者的处罚是弃市，刑罚的酷烈程度猛然提升了一大档。可见，"偶语诗书"在当时应是非常严重、危害很大的"犯罪"行为；只解为"两人私下谈议"，与如此严酷的刑罚不匹配。

如果将"偶语"解为"二人公开谈议"，那么它就有可能是一种可吸引其他旁观听者的聚众宣讲活动。宫崎市定说它是一种二人公开表演行为或活动，正近此意。"偶语"活动或演出如有观众在场，它就具有了社会大众传播的属性和能量；一旦"违禁内容"进入其中，就可产生现实和广泛的传布效果。这正是官方禁令最为关注的要点。古人注：此条"禁民聚语，畏其谤己"。相比之下，民间私藏禁书的危害性可能只是个体性的，只具有潜在的传播扩散性。

请注意：对"偶语诗书"行为的刑罚是弃市。弃市指不但处死，而且要当众处死；其重点不仅在夺人性命，更在于执行这种剥夺时的当众性和宣示性。统治当局正欲借助这一做法来"杀一儆百"，以期产生尽可能广大的社会震慑禁止效应。"弃市"做法的"公开性"，直接对应着"偶语"传播的"公开性"。由此可见，"偶语诗书"绝不是"二人私下议谈诗书"那么简单和私人的事情。如果说第一项措施是严格限制非官方意识形态书籍的民间私存，那么第二项措施所禁绝的并不是"偶语"本身或这种公开传播活动，而是其与"违禁内容"相结合后可能产生的扩散传播能量和效应。统治当局对胆敢尝试这种结合的人——偶语者——处以极刑。

第三项措施主要针对那些直言批评朝政和当局做法的儒生们。儒生是当时社会上"意识形态和知识文化"产品的源头供应者，他们"以古非今"的观点言论将对当朝政治、社会和文化产生影响和作用。因此，违反此规条的相应处罚，是基于"斩草掘根"的思路，是更加残酷的灭族斩杀。

李斯提出的管制措施是"三管齐下"：一管"文本"，二管"传播"，三管"思想供应"。儒生们那些"以古非今"的言论会不会进入"偶语"，成为社会和民间艺人表演的脚本内容呢？可能性很大。因为儒生群体不等于政府官员，他们有可能参与包括民间文娱在内的各种社会活动。《诗》《书》类经典内容进入普通民间文娱活动或"偶语"表演，应当离不开儒生文人们的某种参与和帮助。秦统治当局所谓"儒以文乱法"的指责，正是针对这一类思想和文化内容的"社会性渗透"。

《史记·高祖本纪》记：刘邦入关后对当地士绅父老说：大家久苦秦朝苛政酷法，如诽谤者族，偶语者弃市；我现在只和大家约法三章：杀人者死，伤人及盗抵罪，其余秦法统统废除。刘邦这里独举"诽谤者族，偶语（诗书）者弃市"，可见此二法条当时执行之广、苦民之甚；触犯这两条法规而受处罚者显然甚众，以致民怨鼎沸；同时也说明当时社会和民间的"偶语"活动相当普遍，涉及内容广泛，表演者稍不留神就有可能"越界"，被扣上违法犯罪的帽子。总而言之，"偶语"在秦汉时期是某种社会和民间普遍存在和广泛开展的文娱表演活动，大致可以确定。

钟嵘《诗品》评说魏文帝曹丕的诗："其源出于李陵，颇有仲宣之体。则所计百许篇，率皆鄙质如偶语。惟《西北有浮云》十余首，殊美赡可玩，始见其工矣。不然，何以铨衡群彦，对扬厥弟者邪?"[1] 钟嵘形容曹

---

[1] 钟嵘（约468~约518），南朝文学批评家；有诗歌评论专著《诗品》传世。据统计，曹丕现存诗作大约50—60首，可知已亡佚者不少。

丕诗"鄙质"("鄙直")如"偶语"的话，间接说明当时"偶语"文词大都俗浅粗直。以诗的优美义雅为标准，"偶语"的词语显得粗俗鄙陋；但这也恰巧说明"偶语"贴近实际生活和一般百姓，具有传播的普适性和亲和力。

鲁迅说：汉设地方小官通过采集一般小民"街谈巷语"，藉以了解和掌握民情和风俗。[①] 这些草民谈议或故事流传，如果涉及"违禁内容"并与偶语表演相结合，自然就有了一定的"舆论引导"和"黔首议政"的传播特性和社会效应。所以，秦朝统治者才严打任何含有"违禁内容"的偶语活动。

---

① 鲁迅：《中国小说史略》，北京：人民文学出版社，1973 年，第 3、7、15 页。

二十三　古代说唱表演

假如"偶语"是二人组合的一种公开表演，那么它似乎与一些现存曲艺表演形式有些类近，如苏州评弹等。苏州评弹分评话和弹词，有一人表演，也有二人合说。评话通常一人登台开讲，弹词一般两人说唱，上手持三弦，下手抱琵琶，自弹自唱，自我伴奏或相互伴奏，也有小乐队伴奏的。其表演以说、唱为主，还有演、评、噱、学等多种艺术手段。评弹可以说讲历史演义、豪侠故事、传奇小说和民间传说等，宣叙唱演用本地语音（吴语吴音），不受场地、背景、剧装等限制，经常"一人多角"，"跳进跳出"，穿插笑料，有时甚至"一人一台戏"，长期深受江南吴越地区广大民众的喜爱。

类似的曲艺表演形式，还有现存于黄土高原地区的陕北说书。陕北说书现今几乎全部仍由目无所见的盲艺人表演，说唱时自弹三弦或琵琶伴奏，声味（方言乡音）和曲调独特，韵意浑厚苍凉，是一种整合度很高的说唱表演艺术。当代研究者发现，陕北说书至今仍是地方民俗信仰仪式中的重要部分，其内容具有强烈的劝世教谕性质，尚未走向纯粹娱乐化。那些说书盲艺人至今保有双重社会角色——既是靠演唱讨生活的卑微民间艺人，又是令人敬畏的巫者；除了在乡村庙会和民俗仪式中担任表演主角，他们大多数也从事算命、禳灾等活动。这一现今活态存在的盲艺人群体和表演形态很可能是先秦瞽蒙演唱乐师进入民间后延绵传留下的余脉。[①]有研究显示，明代时杭州等地也有男女盲艺人说唱评弹。[②] 江南评弹和陕北说书在若干方面的贴近和相似，是否提示它们存有某种历史渊脉关联？

孙宏亮说，中国古代职业性或准职业性说唱，滥觞于先秦"瞽蒙"（"瞽"〔gǔ〕指没有眼珠的人，"蒙"指有眼珠但看不见的人，俗称"青盲"）。先秦瞽蒙作为宫廷盲乐师，是从上古"神瞽"演化而来的，保留了

① 孙宏亮：《弹起三弦定准音——陕北说书考察》，西安：陕西师范大学出版总社有限公司，2017年，第8—9页。
② 申浩：《雅韵留痕：评弹与都市》，北京：商务印书馆，2014年，第32页。

插图 8　陕北说书盲艺人

"巫"的原型功能，在占卜、祭祀等典礼仪式中歌乐讽诵，成为宗教礼乐文化的中心角色，享有崇高地位。根据《礼记·乐记》的记载①：先秦瞽蒙的出现应在俳优之前，前者代表着"古乐"，后者代表"新乐"。"瞽"和"优"大约在春秋后期分野，其后"乐"由政治仪式变为满足王公贵族恣欲享受的工具。当时，周王室礼乐文明衰微，文字书写渐渐取代耳食之学，瞽蒙乐师逐渐失去其原有地位和作用，流散进入民间，成为流浪乞讨

---

① 《礼记·乐记》魏文王问子夏："吾端冕而听古乐，则唯恐卧；听郑卫之音，则不知倦。敢问：古乐之如彼何也？新乐之如此何也？"子夏对曰："今夫古乐，进旅退旅，和正以广。弦匏笙簧，会守拊鼓，始奏以文，复乱以武，治乱以相，讯疾以雅。君子於是语，於是道古，修身及家平均天下。此古乐之发也。今夫新乐，进俯退俯，奸声以滥，溺而不止；及优侏儒，糅杂子女，不知父子。乐终不可以语，不可以道古。此新乐之发也。"（参考译文：魏文王问子夏说：我衣冠齐整地去听古乐，就唯恐打瞌睡；要是听郑、卫之音，反倒不知疲倦。请问古乐让我产生那样的感觉是何原因？新乐让我产生这样的感觉又怎么解释？子夏答道：说到古乐，舞蹈时同进同退，整齐划一，唱歌时曲调平和中正而宽广。弦匏笙簧等乐器都听鼓的指挥，鼓签一敲，众乐并作。开始表演时击鼓，结束表演时击铙；用相来约束节拍，用雅来加快速度。表演完毕，君子要发表议论，借古喻今，讲修身齐家治国平天下的道理。这是古乐的演出情形。再说新乐，舞蹈时动作参差不齐，唱歌的曲调邪淫放荡，令听者沉迷不能自拔；再加上俳优侏儒逗趣，男女混杂，父子尊卑不分。表演完毕，让人无法给以评论，更谈不上借古喻今。这就是新乐的表演情况。）

110

的民间说唱艺人，即民间说唱文化的传播主体。①

类似这样的民间流动说唱活动，在世界文化传播史上也有平行事例。亚里士多德（Aristotle）说：古希腊早期史诗就是一种诵唱艺术。古代游吟诗人出没于宫廷、庙宇和军营等场所，唱诵代代相传的诗篇。他们随身携带弹拨乐器"里拉琴"（Lyre）为说唱伴奏。在公元前六世纪末，荷马史诗已是希腊地区家喻户晓的"经典"。②

陕北说书的书词唱段"整齐、押韵且极具文言色彩"。孙宏亮认为，这应是历史上文人参与的结果，也是古代口头文艺传承发展的重要特点。鲁迅也说："秦既焚烧诗书，坑诸生于咸阳，儒者乃往往伏匿民间，或则委身于敌以舒愤怨"。③ 文人创作的书词经过口传和记忆进入说书盲艺人的头脑，经一代又一代表演者不断修改和打磨，最终成为集体创作和保留的精品。

司马迁是夏阳（今陕西韩城）人，对本地乡土文艺表演有语言和口音上的接近性亲近感。假如陕北说书真

---

① 孙宏亮：《弹起三弦定准音——陕北说书考察》，第8—9页。
② 亚里士多德：《诗学》，陈中梅译，北京：商务印书馆，2012年，第246页。
③ 鲁迅：《汉文学史纲要》，北京：人民文学出版社，1973年，第32页。

插图 9　"阿波罗与里拉琴"瓷盘①

---

① "Apollo with Lyre" 瓷盘（公元前 480—前 470 年），现藏希腊德尔菲博物馆（Delphi Archaeological Museum）。本图片为 Mark Cartwright 上传网络。检获时间：2021 年 9 月 6 日。

如研究者所说是从先秦时代一脉延传下来，并在当地民俗文化生活中保有一定的地位和影响，那么注意搜集素材的司马迁很有可能关注和接触过这类民间曲艺活动乃至它们的书词内容，从中吸取营养成分。在他游历各地时，也一定会用心留意各地口头文艺娱乐表演内容，特别是那些包含有过往历史信息者。

二十四 始兴与流变

王国维于民国初年完成的《宋元戏曲史》，被称作是中国古代戏曲戏剧研究的开山之作。[①] 该书以宋、元两朝为重点，但也提供了秦汉时期戏剧性文艺表演活动的零星线索。[②]

[①] 戏曲和戏剧两词，在现今一般使用中，并无精确区分。比如，"中央戏剧学院"的官方英文译名为"The Central Academy of Drama"，取 drama 一词中"戏剧艺术"之义；"中国戏曲学院"的译名用"National Academy of Chinese Theatre Arts"，而 theatre arts 的直译也是"戏剧艺术"。中国戏曲学院还曾使用过"National Academy of Chinese Traditional Opera"之译。"戏曲"一词在汉语中，还是"戏剧"与"曲艺"的合称，其英译通常为 Opera and Quyi。在此，曲艺（集合名词）一词因无恰当的对应，直接用了音译，指代众多传统民间说唱表演艺术形式（Chinese traditional and folk forms of art performance）。本文对戏曲和戏剧概念不作精确区别，通常互换使用。

[②] 该书大约完稿于 1912 年底或 1913 年初，1915 年正式出版。

王国维说：以乐舞谐戏为业的艺人"俳优"的出现，比较可信的记载是在春秋之世。古代俳优的表演主要是歌舞和戏谑，汉朝以后表演中穿插有故事；而运用歌舞来表演故事的完整形式，始于北齐，但其故事性仍很简弱，与其说是戏剧，不如说是歌舞表演更合适。不过后世戏剧的确由此发源。① 按照王国维的说法，可不可以推想中国古代戏剧的发展阶段依次为：歌舞表演→歌舞/叙事→歌舞/故事→故事/歌舞；其间剧中歌舞成分和作用逐渐下降，故事讲述逐渐壮大而成为主体核心？

王国维小结秦汉时期俳优演出活动特点：一是用以乐人，而非乐神，即俳优表演已经逐步转向世俗社会生活；二是在乐舞歌谑的同时，也有说表叙事的内容；三是它虽属后世戏剧的源头，但"固未可以后世戏剧视之"，只是戏剧性表演的雏形。②

王国维认为，宋时的口头表演形式"小说"，已经具有了突出的讲述故事的说表特征，而"小说之名起于汉"；《魏略》记载曹植曾"诵俳优小说数千言"，"则似

---

① 王国维：《宋元戏曲史》，北京：中华书局，2010 年，第 3—4、6 页。
② 王国维：《宋元戏曲史》，第 1—8 页。

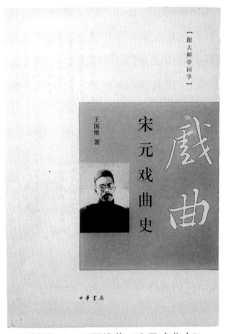

插图 10　王国维著《宋元戏曲史》

与后世小说，已不相远"。① 如此看来，口头表演的"小说"的讲述故事的能力似乎与说书、评弹等现今曲艺表演非常相像，而且文字记载它最早出现的时代也与司马迁不远。

秦汉时期的民间文艺表演形式，如"俳优"、"偶语"或"小说"等，似乎已经很接近戏剧的前身—曲艺表演，属于前戏剧样态。那么，什么是戏剧呢？王国维定义："后代之戏剧，必合言语、动作、歌唱，以演一故事，而后戏剧之意义始全"。② 此外，他还补充一条：戏剧中的角色须分别由真人演员来扮演。王国维觉得："与戏剧更相近者，则为傀儡（木偶戏）。傀儡起于周季（战国时期）"。"傀儡之外，似戏剧而非真戏剧者，尚有（皮）影戏。此则自宋始有之"。他总结说：小说、傀儡和影戏三者，"皆以演故事为事。小说但以口演，傀儡、影戏则为其形象矣，然而非以人演也"。③

现在一般认为，戏剧是以演员、语言、动作、舞蹈、音乐、木偶等形式达到叙事目的的舞台表演艺术的总称。戏剧在文学上的概念指为戏剧表演所创作的脚本，即剧本。戏剧的表演形式多种多样，常见的包括话

① 王国维：《宋元戏曲史》，第 33、35 页。
② 王国维：《宋元戏曲史》，第 39 页。
③ 王国维：《宋元戏曲史》，第 33—35 页。

剧、歌剧、舞台剧、音乐剧、木偶剧等。王国维强调
"真人演员扮演剧中角色"这一要点，使得他的戏剧定
义更偏向和适合戏曲、话剧、歌剧、歌舞剧等舞台综合
表演艺术形式，而与曲艺类说唱表演划清了界限。

二十五　源于曲艺，还是戏剧？

　　《项羽之死》内容素材如果来自民间艺术表演，那么它是来自曲艺还是戏剧呢？戏剧和曲艺都可以呈现故事、对话、动作（舞蹈、身段）、音乐、场景等元素。《项羽之死》已包含了上述这些元素。

　　首先，它讲述了一个完整的故事，有一条清晰和贯穿始终的人物命运主线。其次，该故事中角色众多，除项羽之外，有虞姬、田父、亭长、吕马童、王翳、杨喜等有姓名或有具体身份描述的主要人物，还有大帐侍卫、项羽骑从和汉军追兵等一众龙套角色。再次，它有若干段情景对话。复次，它有音乐和歌唱内容，如《垓下歌》和虞姬的唱和等。最后，它也有动作（舞蹈、举止行动）、场景等交代、描写和展现。

　　戏剧和曲艺之不同在于：戏剧戏曲是由真人演员经

过化妆和穿着剧装来饰演剧中角色，在舞台布景环境中进行表演的综合性舞台艺术形式。而曲艺表演则通常由一两位表演者"包办一台戏"。演员以口头说唱为主的方式交代故事情节，描写场面景象，模拟演学各种人物角色，评议褒贬人物事理等；但省略了一些在戏剧舞台表演中非常重要的元素或组成部分，譬如角色服装、妆扮以及舞台场景、道具、灯光、美工和乐队伴奏等。

戏剧是一种综合性舞台表演艺术，其舞台表演及场景布置与观众席的位置关系是相对固定的。观众看舞台戏剧表演时，不能像看电影那样，可以透过并跟随摄影镜头进入场景之中，随时灵活地变换观看的视角和视野。戏剧观众只能看到舞台演员面向观众席方向的表演，因此台上演员必须随时注意面朝向观众进行表演。戏剧场景是"卸掉一面墙"的舞台情景呈现。如一场室内场景戏，其舞台布置就需做成"卸掉一面墙"后的室内环境，好让观众得以见到室内的人物和活动的情况。在戏剧舞台艺术中，场景的变化和转换一般只能借助闭幕或暗幕方式进行。

《项羽之死》有比较清晰的舞台场幕感，尽管在文字呈现上并没有按剧本格式标明。比如，"大帐夜饮"就是一幕室内戏剧场景。项羽、虞姬和侍从等人物的活动和表演，都在这一场景环境中进行，一切都在观众

（读者）眼前发生，直到这一幕结束。类似的例子还有"问路于田父"、"东城激战"、"江边对话"、"汉王泣祭"等，都是在这种相对框定的"舞台"中进行和展现的。把这几个"场景"连缀起来，差不多就是一部多场幕戏剧的骨架。

根据昆曲《千金记》和《史记·项羽本纪》编写的京剧《楚汉争》最早上演于 1918 年，二十年代初经修改定名为《霸王别姬》，由梅兰芳演出，从此成为京剧的传统经典剧目。梅兰芳的演出脚本分为九场；戏份最重的第八场，即"霸王别姬"一折，就是根据项羽在垓下楚军大帐内夜饮悲歌的内容改编而成。[①]

《项羽之死》近似戏剧文学脚本，不管它是从当时的民间戏剧表演中"抠"出来的，还是司马迁基于民间艺术表演再加工创作而成。剧本，乃一剧之本。有了它，奏之于舞台的演出，就有了可能性基础。假如《项

[①] 梅兰芳版《霸王别姬》剧本见中国戏剧家协会（编）：《梅兰芳演出剧本选集》，北京：中国戏剧出版社，1961 年。此外，"中国京剧戏考"网站刊登有四个不同版本的京剧《霸王别姬》文字剧本（http：//scripts. xikao. com/list/table/b，检索日期：2019 年 7 月 10 日）。中央电视台网站有京剧《霸王别姬》演出视频，2009 年 12 月，http：//tv. cntv. cn/video/C10301/082578c782944268051fcc97200d9fd8，2019 年 7 月 10 日；尚长荣饰项羽、史依弘饰虞姬。

羽之死》的部分内容真是脱胎于当时的舞台性表演活动，那么它们原初呈现形式和样态，恐怕比二人对演说唱形式要更丰富更复杂，它们的戏剧性或说唱性"源本"也必定是众多而非单一的。

对中国秦汉时期是否存在戏剧的问题，王国维持谨慎和保留的立场，宫崎市定则比较大胆和肯定。这又是一个难缠难解的话题。司马迁本人似乎并不认为《史记》属于"原创"，他说"我所写的只是记述过去的事情，规整那些社会传说，谈不上是创作"。[①] 然而，面对《史记》中那么多丰富生动的戏剧性故事记述，一些人物、情节和结构亦相当完整；假如认定社会采集是《史记》资料素材的重要来源的话，那么秦汉社会和民间应有相当水平和普及程度的戏曲戏剧演出供应，方能讲得通。

以戏剧视之，《项羽之死》的结构从头到尾相当完整。著名传统京剧《霸王别姬》虽根据《项羽之死》内容改编，但其戏剧重点落在"悲情别姬"上，而非项羽之死。况且该剧是男女主角并重、甚至虞姬角色和表演更突出的一出戏。对比之下，《项羽之死》更像一曲多

[①] "余所谓述故事，整齐其世传，非所谓作也"（《史记·〈太史公自序〉》）。

乐章的交响乐或一部多场幕戏剧结构。司马迁当年很可能把搜集到的民间表演内容和素材加以连缀和加工，总成为一个相对完整连贯的"戏剧"构成。也许正基于此，李长之坚定地认为，司马迁就是一位出色的剧作家；他还列出《元曲选》中源自《史记》故事改编的戏目的长清单，称《史记》为"宋明清的剧作家的探宝之地"。①

宫崎市定关于秦汉时代存在戏剧的看法，因缺乏直接确凿的证据，终难成定论；彼时没有录音录像技术来记录和保留相关的证据信息，这是无可奈何的事情。而舞台艺术和戏剧表演一旦转由文字来记录保存，必然会丢失许多重要和关键的元素成分，变成别的东西，尤其像司马迁的情况——把其他类别和样态的材料或呈现，经转化后纳入《史记》文字中。这就好比用文字永远无法实现或替代音乐演奏直接触拨听者心弦的效果一样。

---

① 李长之：《司马迁之人格与风格》，第 405 页。

二十六　语言不同、逻辑各异

　　在京剧舞台上，演员做出上马动作，挥挥马鞭，再迈几步，就代表骑马赶路；登上一张桌子，手搭凉棚远看，就表示站在山顶瞭望。京剧表演的"三四人千军万马，六七步万水千山"等，看似很不合理，观众却欣然接受。因为谁都知道，这些表演遵循的是艺术的逻辑。

　　前文提到《项羽之死》中一些不合理或逻辑不通的地方，若以艺术逻辑观之，就比较容易理解。比如，"东城激战"后，司马迁不交代项羽接下来能不能摆脱追兵纠缠，以及他将如何赶往乌江等重要进展情况，反而一笔荡开，只说"项王乃欲东渡乌江"。这一笔对介绍"事实"了无价值，但对结束眼前此幕场景和开启下一幕场景，则是必不可缺的过渡连接。对于这样的结束和跳转，史学研究者困惑不解，而戏剧观众不仅不觉得断裂突兀，反而对接下来将要出现的乌江场景表演充满期待。戏剧观众可以瞬间在内心跨过山山水水来到江岸边，只等项羽和亭长登场了。宫崎市定说《史记》中有些内容若当作戏剧来读就很精彩有趣，就是说要用艺术逻辑来替代理性逻辑进行阅读的意思。

精细准确地记述项羽逃跑的每一步经过和事实细节，也许是史官书吏的工作职责，但绝不是戏剧家艺术家的愿望和追求。意大利歌剧作曲家威尔第（Giuseppe Verdi）说："拷贝事实可能是件好事，但虚构事实更好，要好得多。"（"To copy the truth can be a good thing, but to invent the truth is better, much better."）艺术追求真善美。艺术表达在相当程度上超越客观事实的直接束缚。比如，歌剧观众怎么会那么容易"上当受骗"，对剧中人物唱来唱去的大段"对话"如醉如痴？莎士比亚的剧中人物也全用诗化语词进行交流。谁见过现实生活中有人那样讲话？为什么基于如此不真实不自然的做法和规则的艺术，竟然能大获成功？如是提问忽略了一点，即艺术的本质和核心，在于追求提升和加深人对包括其自身在内的大自然的觉知。安德烈·马尔罗说过：文学的功能就是向人类揭示他深藏着的伟大。艺术作品以创作者展示其内心生活的风景开始，以令我们反观己身而结束。① 所有艺术形式遵循和运用的规则，都得到艺术家和受众的共同认可和接受。戏剧当然也不例外。

讨论至此，人们不难醒悟：司马迁实际运用史学和艺术两种"语言"写《史记》；虽然它们表面样态（汉语）完全一样，但它们内底的话语表达和语法逻辑却相当不同。在写作中，司马迁的"语言"时常切换，"语法"、"规则"和"逻辑"也随之自动改变。他在这两个维度和场域中自在遨游，在两者之间自如往返。鲁迅说《史记》是"史家之绝唱，无韵之离骚"，已然点出了《史记》文本的"双语"特性，只是大多数读者未多留意和细思深想。

司马迁努力收集当时所能获得的各种民间流传的、有关过去历史的信息内容和话语表达，经筛选整理后融入《史记》。这其中当然会有些来自民间艺人表演。这种辛劳努力体现出司马迁卓尔不群的史学价值观：他希望能更真实、坦白和全面地纪录和反映当时社会的历史

---

① 安德烈·马尔罗（André Malraux，1901~1976），法国作家、艺术理论家、社会活动家；其中文版著作有《政治与文化：安德烈·马尔罗讲演访谈录（1925—1975）》《反回忆录》等。此处引述来自 Joseph Machlis, *The enjoyment of music: An introduction to perceptive listening*, New York: W. W. Norton & Company, 1970, p. 7。

思维和识见状态。也许正是那些收入《项羽之死》的"故事传说"，令后人有可能读出司马迁时代一般民间对项羽其人的粗略认知：他兵败逃跑，经奋力拼杀方抵达江边，却因自愧于江东父老而不肯过江，最后自刎而死。司马迁的这一层努力是更深的传播价值考量，也是历史书写将当代史和"现今"纳入视野和融入其中的自觉意识与主动践行。他两次重复"罔罗天下放失旧闻"这句话，很可能是在提醒后世读者留意这一点吧。

二十七　何为自杀?

　　自杀是某人用某种方式手段终结自身性命的行为和结果。自杀者，除了为自杀而自杀的（指不借死来表达或追求什么，只是对生和未来失去兴趣），可分为被迫和主动两类。被迫自杀者，没有生的选择权，只有不得不自尽这一条路。而主动自杀者往往因为某种情谊、知遇、信任、担当、酬答、谢罪、尊严、道德或价值观而选择自杀（因狂信而导致极端偏执和非理智的死亡追求与行为，不在讨论之列）。主动自杀者没有即刻必死的直接压力，但却决心用死来表达他们对某种道义和精神上的坚守和追求，故而主动终结自己的生命。这就使他们的自杀行为在一定程度上指向某种舍我与超越，产生打动人心的力量。

　　用刀剑自尽是非常痛苦的方式，正因如此，它具有某种自表达力。日本武士的切腹自杀，特别强调和突出这种意向。新渡户稻造说：日本武士切腹，不单是一种自杀方法，它同时是律法和仪式。对于中世纪的武士来说，切腹自杀在执行时有庄严的仪式，被认为是一种完善的自我毁灭方式。因为，如果没有冷静的情感和沉着的行动，根本无法完成。所以，切腹自尽就成了恰如其分地展现武士的冷静沉着的表达方式。①

切腹不仅本身残酷痛苦，且不容易速死。于是切腹者通常有由亲属或友人担任的"断头人"，协助完成这一自杀过程。一般程序是：当切腹者亲自完成了一系列最初和必要的切腹自杀动作，尚未完全丧失对自己身姿状态的维持和掌控，其临床生命指征也远未消失时，"断头人"便迅速上前挥刀利索地砍下自杀者的头颅，以缩短其受痛苦折磨的过程，同时维护切腹仪式的体面和庄重。②

切腹自杀亦足令观者震惊。新渡户稻造解释说：之所以选择切腹，是因为古人认为腹部是灵魂和情感的居所；切腹背后的逻辑是，"我将打开灵魂的居所，让你看看里面的模样，是清是浊还请自己判断"；"在我们日

---

① 新渡户稻造：《武士道》，朱可人译，杭州：浙江文艺出版社，2016年，第11—12、111—112页。
② 新渡户稻造：《武士道》，第113—114页。

本人心中，这样的死让人联想到最崇高的壮举，引发出最感人的悲怆情怀"。①

自刭（自刎）指用刀剑等锋利刃具割断自己颈部动脉血管，在短时间内大量失血导致生命终结。它比切腹的致死速度要快，但依然需要一点时间，也要经受相当大的痛苦折磨。古代将军或壮士主动引剑自刭，如果不是对自己尊严的一种宣示和捍卫，至少是形式上和面子上的维护。

《史记》记述白起和伍子胥都被赐剑令自裁。《史记·白起王翦列传》记载：秦王乃使使者赐之剑，自裁。武安君（白起）引剑将自刭，曰："我何罪于天而至此哉?"良久，曰："我固当死。长平之战，赵卒降者数十万人，我诈而尽坑之，是足以死。"遂自杀。② 司马迁在这句段话中，用了"自裁"、"自刭"和"自杀"，分别表达不同的含义和倾向，也简单交代自杀的操作情形。"自裁"是被迫自杀。"自刭"也称"自刎"，是自杀的方式之一，与"自杀"一词换用时，相当于"刎颈

---

① 新渡户稻造：《武士道》，第109—110页。
② 参考译文：秦王就派遣使者赐给白起一把剑，令他自杀。白起拿剑将要抹脖子时，仰天长叹道："我对上天有什么罪过竟落得这个结果?"过了好一会儿，说："我本来就该死。长平之战，赵国士兵投降的有几十万人，我用欺诈之术把他们全都活埋了，这足够死罪了。"随即自杀。（《白起王翦列传》）

而死"。"自杀"在这里是一个中性词，指自杀而死。

秦二世胡亥曾派使者告诉蒙恬的弟弟蒙毅让他自杀；蒙毅不服，反复与使者据理力争，使者知道胡亥心意就干脆直接把蒙毅杀了（使者知胡亥之意，不听蒙毅之言，遂杀之）。之后，二世又派使者令蒙恬自杀。蒙恬也反复陈说争辩，使者说："臣受诏行法于将军，不敢以将军言闻于上也。"蒙恬长叹后"乃吞药自杀"（《蒙恬列传》）。对于一代名将来说，服毒而死究竟算"礼遇"，还是"屈辱"呢？

除了项羽，《史记》中还有一些自己主动选择自刎而死的人物，比如《魏公子列传》中的侯嬴、《刺客列传》中的樊于期、《李将军列传》中的李广等。他们的表现都慷慨果断，显示出坚定的意志和勇敢的气概。值得注意的是，司马迁《史记》几乎无一例外地让所有自杀者——不论主动还是被动的，都在死前有一番表白说明；而对于自杀行为动作，只用"自刭"或"自刎"两字一笔带过。唯一的例外是聂政。

聂政刺杀韩相后，为了不因自己的行为连累到任何别人，当场毁坏自己面容挖出眼睛，让人无法辨识其身份，然后剖腹割肠而死。韩国为了追查此事，将聂政尸体陈放在街市上，悬赏千金，徵求凶手姓名，但依然没人知晓。聂政的姐姐听说此事，疑是其弟所为，就不辞路远赶到韩国都城；见死者果然是聂政，忍不住抚尸大哭。她当众讲出聂政前后行为的一番故事，以及自己岂能为了免避牵连就埋没弟弟名声的话之后，也因悲伤过度当场死在聂政身边。这是《刺客列传》中最令人动容的一段。

司马迁让聂政的姐姐以第三者身份，事后补出了聂政义无反顾赴死的缘由和道理，以突出和强调在聂政自杀和自我毁容的背后，仍有道义、承诺、责任、担当等"士为知己者死"的精神力量在。可见司马迁写自杀的重点永远不在"死"，而是欲彰显"死"背后的价值与追求。

二十八　如何安置"临死宣言"

项羽自刎之前，也必须有一篇"临死宣言"。不过，司马迁将这段死前宣讲与"引剑刎颈"分开执行，而不像白起、伍子胥、李广、钟离眛、樊于期等人那样，这两个行动紧紧连在一起——言罢即自刭。这是为什么呢？答案是项羽的情况不同。项羽的"自杀"或者"死"，发生在"非正常"的特殊环境和状态中。在那样的情境中，他根本无法发表演说；就算他想说，也没有合适的"听者"在场。司马迁此处的调度安排，可谓费心思。

当时项羽短兵步战，已"杀汉军数百人"，"身亦被十余创"；汉军忌惮他的勇猛，也许一时不敢过于近身紧逼；但项羽显然知道，他无法再继续撑下去，遂主动自刎，以免被俘受辱。这是项羽自刎被目睹和确证的情况下，当时情景及其内心活动的一种"再现"描述。可以基本肯定的是：项羽自刎后尚未气绝、远未符合临床死亡标准，众汉军就蜂拥而上，刀剑相加，砍头解肢了。迫不及待的汉军官兵为了争抢报功领赏的实凭物证，竟然不惜彼此相杀！《项羽本纪》说："王翳取其头，余骑相蹂践争项王，相杀者数十人"。这是何等血腥、混乱和残忍的场面！这一疯狂场景、汉军自己互杀及相关死亡人数，当年应属可确证者。

严格说来，项羽究竟是"主动自杀"还是"被迫自刎"，甚至他最后是"自杀"还是"被杀"的问题，都落入了灰色模糊区间。考虑到当时复杂混乱的环境和情况，这些问题难有绝对精确的定论。但司马迁明确裁断：项羽是自杀。显然，自刎而非被杀而亡，更符合项羽一贯的英雄气概和形象，也符合《项羽之死》全篇的叙事逻辑。

项羽自垓下出逃，走上不归路，倘若没有那番打动人心的"临死宣言"，他将死得悄无声息，像历史上无数壮士豪杰的陨殁一样，断无可能有时至今日的显赫。可是，这篇演讲何时何地发表最合适？安排得过早，未到临死关头，气氛不对，显得矫情；太晚了，干脆没有机会和可能了。所有这般为难，今天的读者看得一清二楚。

在叙事流中，司马迁把这番"演讲"放在项羽东城溃围杀将"复聚其骑"之后，和项羽命令部下"皆下马步行，持短兵接战"做最后拼杀之前。这一档位可说是"特意拉开"或"强行挤出"的，专为安置这番江边的对话和演说。如若不信，可试着把"江边对话"一节（自"于是项王乃欲东渡乌江"始，至"不忍杀之，以赐公。"止），从《项羽之死》文中整体抽出，就会发现"缺口"两端文字竟然可以自然接连，且语意顺通无碍。① 拿掉"江边对话"一节，并不影响交代项羽东城激战直至最后战死的过程情况。

地点也是极重要的讯息。项羽怎么到的江边，怎么获得这段短暂的平静对话时刻，司马迁没做只字交代。但是，他却数次重复和提示"江边"这一地点概念，如"舣船待"，"独臣有船"，"汉军至无以渡"，等等。看来，"江边"这一地点元素实在太关键了，司马迁不想让读者对之有丝毫理解上的含糊。

这里不妨用反推方式做个验证：

——"自刎而死"是项羽的最终结局；

——这是他弃生就死、以性命酬答江东父老和八千

---

① 跳过"乃欲东渡"过渡句和"江边对话"一段，将"乃谓其骑曰：何如？骑皆伏曰：如大王言！"直接连接"乃令骑皆下马步行，持短兵接战。"句。（《项羽本纪》）

子弟兵的主动选择；

——这一选择的勇敢性和真诚性，表现在他主动放弃了轻松逃生的机会；

——他本可轻松逃生的证明是：已经抵达江边，并有船只可以渡江，追兵即使赶到江边，也因没有渡船而无法追赶他。

项羽最后的自刎而死，只有发生在此种情境和逻辑关系中，才可能具有舍生取义的意义和分量。缺少了"江边"这一地点条件，项羽义气冲天的那番话就成了笑柄，《项羽之死》全篇也会彻底塌架。

设想一下：《史记》不但明白交代项羽"身死东城"，还清楚说明东城与乌江分属不同行政管辖区域；项羽逃到江淮分水岭以西某地，说了一番他"不肯过江东"的话；而此时项羽距离长江边渡口尚远，且被大批追兵围堵截杀，铁定无望活着抵达江边，更不用说过江了。假如司马迁如此这般书写的话，读者会有怎样的反应？他们还会像现在这样，被项羽临死前的所说所为深深打动吗？

二十九　秦始皇、刘邦的临死表现

　　《史记》把项羽列入帝王级的"本纪"序列，与他享有"同等待遇"的同时代人，还有秦始皇、刘邦和吕后。

　　秦始皇病死在出巡的途中。《史记》说秦始皇最后生病时，讨厌人提到死；后来病得很厉害了，才写了一封信，让长子扶苏回长安料理后事和即位。此信并没有发出。秦始皇对自己的死大概有预感，但忌讳谈"死"或不敢面对"死"；他不许朝臣提及和议论，结果没能及时和妥善地对他死后的事情做好安排。这不能不说也是造成秦朝后来朝政震荡和迅速垮台的因素之一。秦始皇"死到临头"时的心态和表现，现在知道的就这些。

　　《秦始皇本纪》记述秦始皇及秦二世的主要活动和重大事件，也即前后四十年的秦朝史。"太史公曰"对秦始皇只有一句虚泛评点，接着就大赞贾谊议论秦政得失的话说得好，还把贾谊《过秦论》全文复制粘贴上。上文提到，钱钟书曾批评司马迁全文照录一些"学者多有"、"垂世行远"的词赋文章（就包括《过秦论》，引者注），与其自设的删繁就简的撰述原则相矛盾。不过，相信读者阅后也许能够体会，此处全录《过秦论》并非简单的重复。司马迁很可能极佩服和赞同贾生对秦政的议论分析，索性直接把它全篇拿过来当"太史公曰"用，作为《秦始皇本纪》的重要组成部分。在司马迁心中，《秦始皇本纪》和《过秦论》这两篇文章之关联互文，恐怕比现今网络文本超链接参阅，还要更紧密更一体。

汉高祖刘邦不太忌讳说死。刘邦在讨伐黥布的战斗中受了箭伤，在回京路上伤势发作，病得很厉害，但他拒绝治疗，还羞责请来的名医。途中路过沛县时，刘邦停下来住了十几二十天，终日与老朋友和乡绅父老畅饮欢谈跳舞唱歌，然后才回长安。几个月后，刘邦死了。《高祖本纪》说，从负伤到死亡这五六个月时间内，刘邦依然掌控和调度着平定四方的军事行动，处理着重要的政务，包括指定了他死后辅佐朝政的主要官员人选。

刘邦受箭伤后肯定接受过医疗处置，否则不可能延命五六个月的时间。但他很可能感觉到伤势的严重，自知来日无多了。当吕后延请名医为他诊病时，就借机发挥谩骂医生，说了一番"命乃在天"的不着调的话。①

在此之前，刘邦在洛阳宴会群臣时，曾经当众提问："我为什么能得天下，项羽为什么会失天下？"刘邦当场给出的"标准正确答案"是：他胜在善于用人。刘邦一会儿说自己"胜在用人"，一会儿又说"命乃在天"，到底哪一个对呢？

平心而论，那番"命乃在天"的话，亦是刘邦对人生和命运的实在看法和经验总结。虽然他善于用人，也打败了项羽，但回顾一生，在许多关键时刻，他仍需仰仗侥幸、偶然、甚至是难以解释的因素和力量，才幸运过关。所以，刘邦说他的成功是"天命"，亦代表了他对世事无常、运气难料的一般性认知。对此，司马迁大概也是认同的，所以将这则看似轶事趣闻的小故事纳入《高祖本纪》。其实把刘邦上述两个回答合起来，就是一位"打天下"的皇帝对其一生"奋斗努力"与"成功结果"的经验性总结。它们大略近似后人所说的"谋事在人，成事在天"。

---

① 高祖击布时，为流矢所中，行道病。病甚，吕后迎良医。医入见，高祖问医。医曰："病可治。"於是高祖谩骂之曰："吾以布衣提三尺剑取天下，此非天命乎？命乃在天，虽扁鹊何益！"遂不使治病，赐金五十斤罢之。(《高祖本纪》)

刘邦当时虽身负重伤，却决意走访离别多年的故地；在沛县盘桓期间，他与乡亲父老终日恣意饮酒歌舞纵情享乐，连续十多日不辍。刘邦为什么不顾自己严重的箭伤，非要返乡狂欢呢？难道他想"过把瘾"再死？

与沛县乡众欢饮时，刘邦击筑高唱自己作词的《大风歌》，不仅自己唱，还教当地小孩子们唱。作为"得天下"的皇帝，刘邦内心的真实想法和愿望，都在他的《大风歌》里："大风起兮云飞扬，威加海内兮归故乡，安得猛士兮守四方！"这第一句是起兴。第二句"威加海内"是中国所有皇帝和想当皇帝的人的理想，以及他们衡量自己成功与否的基本标尺。最后一句"得猛士"和"守四方"，则是维持和维护"威加海内"的皇权统治的基本方法。此歌唱出了秦汉以来所有中国帝王对"坐天下"的基本认知与操作要则，也阐示了中国传统社会周期性更迭背后的"超稳定"规律。中国古代长期帝皇/威权统治都是如此运作和维持的暴力正当性政治。当年司马迁下笔时，是否也很想把这一点亮给读者看呢？

自知来日无多的高祖皇帝，彼时彼刻最希望了却和满足的个人心愿是：威加海内后归故乡。至此，读者大致可以明白，他为什么不急着赶回京城治伤，拖着伤病之身非要回老家看看，一住就是十多天，父老们稍一挽留又多住了三几天，而且每天纵情饮酒放歌狂欢毫无节制。看来，刘邦心知肚明：如果这次不过一把衣锦还乡瘾，就再没机会了。

《史记》的确喜欢将刘、项二人对比观照：刘邦唱"威加海内兮归故乡"；项羽说"富贵不归故乡，如衣绣夜行，谁知之者！"二人何其相似乃尔！看来，"衣锦还乡"意识在二千多年前——甚至可能比这更早，就已经牢牢扎根于华夏王侯将相和草芥小民的心中。

司马迁在记述刘邦生命最后时段的政治军事史实信息的同时，平行穿插了上述两段"故事"，形成一种"复调效应"，即两条独立的叙事线条横向分头自进，同时这两条线之间又构成纵向呼应配合的"和声"关系，共同完成一曲之表达。除了其它史实记述，上述两小段"轶事"在一定程度上，概括了刘邦在生命的最后阶段，对人生、命运和死生的基本理解和实践回答。

一般来说，对于秦始皇和当朝高祖皇帝刘邦的历史，司马迁自由编造和发挥的余地应该不会太大，尽管他写传时可以取舍裁剪。在司马迁的眼中，秦皇、汉祖无疑是历史上的重要帝王，《史记》也给予他们重要的位置，但他们显然不是他有所寄情的历史人物。

三十　司马迁写了两个项羽

"太史公曰"对秦始皇本人只有一句略带讥讽的闲评①；对刘邦本人则只字不议，直接纵论秦汉朝政："周秦之闲，可谓文敝矣。秦政不改，反酷刑法，岂不缪乎？故汉兴，承敝易变，使人不倦，得天统矣。"② 相比这二位，"太史公曰"更愿为项羽多花费笔墨。

司马迁感叹项羽崛起之迅速和功绩之突出，说"何兴之暴也！夫秦失其政，陈涉首难，豪杰蜂起，相与并

---

① 太史公曰：始皇自以为功过五帝，地广三王，而羞与之侔。（《秦始皇本纪》）

② 参考译文：从周朝到秦朝，其间弊病可以说就在文敝，秦政不但不改变，反而更严刑酷法，岂不是很错吗？所以汉得以勃兴，虽承接前朝凋敝，但有利于变化更新，使百姓不再倦怠，就符合天道规律了。（《高祖本纪》）

争，不可胜数。然羽非有尺寸乘势，起陇亩之中，三年，遂将五诸侯灭秦，分裂天下，而封王侯，政由羽出，号为霸王，位虽不终，近古以来未尝有也"。① 这最后一句"近古以来未尝有也"的评价，不但近乎顶天，且带惊诧感佩之意，与评点秦始皇和汉高祖的口吻相当不同。②

司马迁显然认为，如果《史记》不做突出的推介，项羽很可能会被后人忽视和遗忘；以成败论英雄，项羽不足道，但从历史演进变迁的角度来看，项羽在非常时期中的非常人生非常作用，不应被忘记和看轻。故此，特意将项羽纳入"本纪"序列，享受"帝王级"待遇。他还用起兴手法吸引读者注意，起笔时故意先说：吾闻之周生曰"舜目盖重瞳子"，又闻项羽亦重瞳子。羽岂

---

① 参考译文：他的崛起怎么那么突然啊！秦失其政，陈涉率先发难，豪杰蜂起，你争我夺，数也数不清。然而项羽并无什么权势可依凭，自民间起事，只三年，就率领原齐、赵、韩、魏、燕五国诸侯的力量灭掉了秦朝，划分天下土地，封王封侯，政令全都由项羽发出，自号为"霸王"，其权位虽然时间不长，但近古以来像这样的人还不曾有过。（《项羽本纪》）
② 吕思勉认为，秦灭亡后的分封在形式上是取决于公议的，即"诸侯之相王"，但当时实权在称为西楚霸王的项羽。（吕思勉：《吕著中国通史》，上海：华东师范大学出版社，2015年，第363—364页。）

143

其苗裔邪?① 今天，项羽早已成了一位不以成败定论的"英雄"，或不以成败为其唯一观照价值的历史人物。对此，司马迁当可欣慰其初心愿想之实现。

太史公对项羽的批评同样具体而严厉："及羽背关怀楚，放逐义帝而自立，怨王侯叛己，难矣。自矜功伐，奋其私智而不师古。谓霸王之业，欲以力征经营天下。五年卒亡其国，身死东城，尚不觉寐而不自责，过矣。"② 司马迁此处评论的是历史上的"真"项羽：这是一个对后世人具有榜样激励和教训警诫双面作用的历史人物。项羽在非常时期陡然崛起，成就一时的霸王之业，令人惊羡；但他随后迅速走向失败，亦非偶然。项羽残酷征伐，无情杀戮，以为可以力征经营天下，结果在政治谋略、道义秉持、治理控管等方面犯下严重错误；他头脑简单性格直线，甚至幼稚可笑地提出要和刘邦单挑决斗，以定天下归属，暴露出性情和智识方面的

---

① 参考译文：太史公曰：我听周生说"舜的眼睛好像是双瞳人儿"，又听说项羽也是双瞳人儿。项羽难道是舜的后代吗？（《项羽本纪》）
② 参考译文："项羽舍弃关中之地，思念楚地建都彭城，放逐义帝，自立为王，却埋怨诸侯背叛自己；他这样做还要想成大事，那可就难了。他自夸战功，竭力施展个人聪明，不师法古人，认为霸王的功业，就是靠武力征伐诸侯治理天下，结果五年时间就丢了国家，身死东城，仍不觉悟，也不自责，实在是太错误了。"（《项羽本纪》）

明显缺陷，令太史公摇头喟叹不已，几次用"难矣"、"不觉寐"、"不自责"、"过矣"、"谬哉"等字语直接批评责备他。难道赢得后世人无限同情、敬佩与怀念的项羽，竟是这样一位充满矛盾和致命缺陷的勇夫莽汉？

其实，《项羽本纪》写了两个项羽。一个是基于确凿史实材料、太史公对他有具体和直接点评的项羽；另一个是《项羽之死》中的项羽。后者是司马迁的塑造，也是后世民间津津乐道的对象。

项羽自垓下突围逃走，后被汉军追及，最后战败自杀或被杀。这一粗线条史实，给司马迁提供了用"故事传说"来扩展和丰富它的机会，乃至艺术性地塑造项羽人物形象的可能。

《项羽之死》的点睛之笔是"江边对话"。基本可以断定，它是司马迁的代笔或借用。不过，既不是历史事实，也不是史家评点，这段故事在此起什么作用呢？简单来说，司马迁要借项羽说出他自己心中的理想和道德的追求，提供人"可如何"或"应如何"行为的一个榜样示例。

写出和展现这种源自内心高尚道德的果敢行为，是对人与人在心灵上真诚呼应、在行为上忘我酬答的人性之美理想的赞扬和歌唱。司马迁书写历史不是为了统治资政服务，也超越了分析评判功利得失的"学术"追求，而是指向探索何为人性人生的方向。他除了记述历史事实、借助"太史公曰"直接评议历史和人物之外，亦希望能给出人应该或者可以如何在世为人、人与人之间如何相处相待的一些提示与建议。这是他"欲成一家之言"的著述意愿中的必有之意。《项羽之死》正是司马迁自我表达的媒介和体现。

项羽之"无颜见江东父老"，与司马迁所说的"士为知己者死，女为悦己者容"同出一辙；皆指人与人之间纯粹而诚敬的交往相待之道，以及对彼此之珍视、信任与托付，不惜付出自己的一切（包括性命）的态度与行为。值得提请注意的是：司马迁通过《项羽之死》，把上述价值观、道德观和行为准则的适用性，提升到帝皇级，成了后人衡量中国帝王统治者道德行为境界的一个具体实在的标尺。

中国历史和传统上，从来不缺下对上、百姓对君王的诚敬、服从与奉献；对这种意识和行为的鼓励、教化，甚至强迫命令的事例俯拾皆是。反过来的情况，则是完全不均等的景象。《项羽之死》最后的表白和行为，自古以来在上对下、君对民的关系中绝无仅有，其结局之极端，更是震撼人心！

《史记》中项羽不肯过江东和他自刎乌江的故事，也许正因为其罕有和珍稀，故后世人长久以来热衷传道？也许正因为类似性质和级别的事例以后再未出现过，以至于民间集体之念想和期待也就始终延绵不绝？不管怎么说，项羽自刎乌江之说从此进入华夏要籍，千百年来渗入社会文化生活，融入汉语言表达，化作成语典故，更成了妇孺皆知、不容置疑的"历史常识"。

倘若"两个项羽"的假说能够成立的话，那么让两位项羽直接面对面地谈谈，应该是挺好看的一台戏。他们彼此会问什么，又会说什么呢？

三十一 "罪己"的汉代背景

项羽自愧于江东父老，属于一种自问责行为。从理性逻辑的角度来看，既然出现问责，就当有赋权和负责的约定在先。江东父老当年把八千子弟兵交给项氏叔侄，希望这些子弟跟随他们出征，能够闯出一片天地。项氏叔侄同样号召和鼓动江东子弟跟随自己，去成就一番功业。在某种程度上，双方之间可以说存在着某种松散模糊的委托/代理关系。

在这一合作关系中，江东子弟投入的是他们的性命，属"硬资产"投入；而项氏叔侄除了投入身家性命以外，还有他们的组织领导才能，即"软实力"的投入。但是，这种"合股投资经营"关系既没有以法律和书面合约的形式加以明确和固定，也未对双方的权利、义务，以及各自违约需承担的责任，做出任何约定。所以，这种所谓的合伙合作关系在事实上并无任何抵押担保和权益保障。项羽的自问责没有法律基础，不是依法而为，更不是依约必为；他主动对自己应承担责任的单方认定和自我追究，是他个人内心的自省、自律和自责，是道德良心的自我审判。

问责是现代政治、社会和商业管理中的一种权力制衡机制，旨在防范滥用受托公权和渎职情况的发生。问责包括主体（谁来问责）、对象（谁被问责）、范围（问什么责）、程序（如何问责）和结果（承担失责后果及担责方式）等具体内容。问责又因操作和执行主体之不同，分为同体问责和异体问责两大类别。在世界各国问责实践中，既有同体问责，也有异体问责；一般来说，异体问责当是主流和本质。①

中国古代政治管理中很早就出现同体问责。同体问责，指"问责者"和"被问责者"是同一主体。项羽因自愧于江东父老宁死不肯过江，属于同体问责或自问责一类。换言之，这种问责是由同一个"大脑"或"心

① 本文非细论问责制，有关管理学对负责和问责的定义，可参阅 Stephen Keith McGrath and Stephen Jonathan Whitty, "Accountability and responsibility defined", *International Journal of Managing Projects in Business*, Vol. 11 Issue 3, pp. 687 – 707, https：//doi. org/10. 1108/IJMPB-06-2017-0058, published on17 April 2018。

愿"来把控和执行的。

中国自秦以来的政治制度演变日益趋向集权，统治者和政治管理权力的制衡以及各种社会力量对皇权统治的监督，不断遭到抑制和削弱。权力制衡和异体问责在中国传统行政管理运行中，从来不是主角主流，且存在诸多困境和系统难题。^①相反，同主体问责或皇帝君主的"自问责"行动，倒是中国历史上时不时出现的一种政治景观。譬如，皇帝颁布"罪己诏"。

"罪己诏"是古代帝王在朝政出现较大问题、国家遭受大灾、皇权统治处于危难时，主动自省或检讨自己过失过错而发布的一种口谕或文告。其作用在于通过发布这种"自我批评"式文告，向朝臣和子民表达悔过自责之意，以减缓朝堂和社会对相关天灾人祸所造成的严重结果的不满和批评。

据刘泽华的研究，"汉文帝前元二年（公元前 178 年）十一月的日食诏首开汉代罪己诏之先河，以后历届

---

① 参阅齐秀强、李冰水：《官员问责制度化：现实困境与制度设计》，《云南行政学院学报》2009 年第 6 期，第 114—117 页；陈文静：《我国行政问责客体困境实证研究》，《兰州学刊》2013 年第 4 期，第 208—210 页；张雨晨：《我国行政问责制的现状及完善对策》，《中国管理信息化》2019 年第 1 期，第 201—203 页。

帝王屡下这类诏书。罪己诏古已有之,至汉代最为流行,成为汉代政治一大特色"。① 史书记载汉代皇帝就朝政问题发布的另一份罪己诏,是汉武帝在征和四年(公元前89年)所下的诏书《轮台诏》,又称"轮台诏令"。② 在《轮台诏》中,汉武帝深悔既往北伐匈奴举动("上乃下诏,深陈既往之悔"),否定了为战争升级做准备的屯田计划,表示当今政事应"禁苛暴,止擅赋,力本农,修马复令";同时他也要求各地官员提出供应战马、补充边备的建议方案等。③ 吕思勉评论:汉武帝对匈奴用兵,前后共二十余年,但用兵很不得法,他不用功臣宿将,而专用卫青、霍去病等椒房之亲,纪律既不严明,对军士又不爱惜,死伤很多,物资亦极浪费。④

刘泽华说,汉代频繁使用罪己诏,是特殊的历史现象;"汉代罪己诏之繁多为历代所不及,是汉代帝王较

---

① 刘泽华:《刘泽华全集·政治思想史论(一)》,天津:天津人民出版社,2019年,第112—118页。
② 中国史学界对于《轮台诏》的内容、性质、地位和评价仍存有争议。
③ 《轮台诏》全文见《汉书·卷九十六下·西域传六十六下》(班固:《汉书》,第974—975页)。
④ 吕思勉:《吕著中国通史》,第371页。

特殊的政治行为"。① 据李长之的说法②，司马迁大约死于汉武帝征和三年（公元前 90 年）。③ 不管司马迁本人是否来得及亲眼得见《轮台诏》，它的颁布都表明：在司马迁生活的那个时代，皇帝"罪己"及"罪己诏"的使用，已然进入了朝政的日常操作和实际运行。在此时代背景衬映下，《项羽之死》中出现的"自问责"，就绝非一种偶然和闲笔，而是与当时的社会和政治生活紧密关联和相互对应。

---

① 刘泽华：《刘泽华全集·政治思想史论（一）》，第 118 页。
② 李长之认为，司马迁生于公元前 135 年（汉武帝建元六年），并说司马迁 46 岁以后的生活没有记载可寻，大概死于公元前 90 年（汉武帝征和三年）（李长之：《司马迁之人格与风格》，第 23—28 页）。
③ 史学界对司马迁的生卒年份一直有争论。详见李伯勋：《司马迁生卒年考辨——驳王国维"太史公系年考略"》，《兰州大学学报》（社会科学版）1980 年第 1 期，第 76—85 页；袁博诚：《再论司马迁之死——答李伯勋先生》，《宁夏师范学报（社科版）》1968 年第 4 期，第 1—16 页；魏明安：《"司马迁生卒年考辨"的考辨——考辨文章必须尊重前人的成果》，《固原师专学报（社科版）》1986 年第 4 期，第 17—25、106 页；赵生群：《司马迁生年及相关问题考辨》，《南京师大学报（社会科学版）》2001 年第 4 期，第 145—149 页；严进军：《郭沫若"太史公行年考有问题"之探讨》，2012 年 4 月 12 日，http：//blog. sina. com. cn/s/blog _ a44626d0010128ed. html，2018 年 3 月 12 日；施丁：《中国史学之精华与传统》，北京：社科文献出版社，2014 年，第 445—448 页。

三十二　"自问责"与利益攸关共同体

古代帝王君主的"自问责"，不是制度性的，更不是依法实施的"必须"，而是出于对政治统治情势的判断，甚至是君王个人的"心理""良心"需要。这种"问责"没有固定和明确的问究范围，也没有法定和成规的问责程序和方式。"被问责主体"即便确因失责失误而造成严重损失和后果，所受到的"担责惩戒"仍仅是口头或名义上的，原来掌有的权力并不会受到任何实质影响。比如，诸葛亮街亭失败后，非要自贬三级，结果降职后"为右将军，行丞相事，所总统如前"（《三国志·蜀书·诸葛亮传》）。西蜀丞相尚如此，皇帝就更不用说。

皇帝发布"罪己诏"，已是古代君王所能展现出的担责"诚意"的最大极限。由此可见，由掌权者自问责的最大制度缺陷是：问责往往与卸责免责操作，相互重迭、相互混淆或者互为表里，最终使问责在本质上被阉割。以自问责为特征的"罪己诏"，经常以所谓"自责"或"自我批评"的文辞和样貌出现，其实不过是皇帝变换角度和说法来颁布政令或调整政策而已；丝毫不必顾虑担责之后，会受到什么实质性的惩处，也不用担心其权力有被收回或受限制的风险。相反，君皇通常用"罪己诏"来加强和巩固其统治地位和权力，是一种以退为进的政治手段。正因如此，国内史学界对《轮台诏》的性质和意义存在着不同看法和争论：汉武帝到底真用它来"罪己"，还是用它来"布置工作"？

现代民主管理体制的问责，需对责任人失职渎职行为的性质及其后果的严重性进行衡秤，然后确定和落实相应的惩处决定。对公权力受托人失责的最高惩处形式，是直接免职或迫其辞职离职等。换言之，问责制对确定失职或渎职的担责者的惩戒，是部分或全部收回担责人所受托掌管的公权力。问责是对公共管理中失误失职行为的一种监督和止损机制。但中国古代政治中的"自问责"绝无上述功能，它通常只是"说说"罢了。

司马迁笔下的项羽，对自己实施"问责"审判。他认定自己辜负了江东父老的信任、拥戴和托付，辜负了八千子弟兵舍命相随、希望成就一番功业的集体愿望。

154

项羽在"公司破产"时，无以偿付一众"入股投资者"，遂以命相抵。拿命抵命，是秦汉时期的社会惯例和共识。刘邦与关中父老约法三章时，头一条就是杀人者死。司马迁在《项羽之死》中，把以命相抵的规约放入了最高层级的政治委托/代理方程式中，不能不说是出人意外的奇想。不论古代的"罪己诏"，还是现代的问责制，都不以剥夺生命作为对失责者的惩罚选项。前者是不乐意，后者是不需要。

司马迁让项羽以帝王身份，在政治委托/代理"合同约定"不能兑现时，自愿以命相偿。这种态度和做法已然超出了当初"合同约定"的范围，也超出了所有人的意料期望，成为一种不计得失、极端负责的做人行事的态度精神的展现。江东子弟当年参军是以命作"赌本"，没有任何保障机制；项羽在兵士死光后，自可一走了之。但他却主动按照有抵押融资的约束规定，自觉偿补投资方的损失。这个"偿付物"就是他自己的性命。假如政治首领在动员民众和支持者时说，一旦失利失败，他将以自己的性命向大家谢罪，并在事到临头时真能做到的话，那么政治和民众运动将会出现什么样的情景和结果？从政者究竟应该怎样真诚地担负政治责任？他们应当承担无限责任，还是有限责任？如果是有限的责任，那么这个界限又该如何设置和确定呢？这些问题不知是否也曾在司马迁脑海中萦绕过。

与项羽主动和沉痛的自责担当相对应的是，江东父老和子弟兵并没有责备他或者要求他赔偿，如此更衬出项羽人格和道德境界之高尚。也许这点恰恰旨在针对当时汉皇帝种种虚表的"罪己"表现，构成一种潜在的对比对照？兵败至此且身无他物的项羽主动献出自己的性命，以死回酬江东父老乡亲，向曾信任和寄望于他的人谢罪道歉。司马迁调度和导演的这幕项羽"自问责"审判，以项羽的"自刎"结束，自然而巧妙地与历史上项羽战败身亡的事实妥帖焊接融为一体。

司马迁借《项羽之死》讲出一番他自己心中的应然理想，将焕然一新的精神和价值力量，赋予一个原本也许十分简单和冰冷的死亡个案。司马迁不是道德决定论者。他在列传首篇《伯夷列传》中发问："若伯夷、叔齐，可谓善人者非邪？积仁洁行，如此而饿死"；"余甚惑焉，倘所谓天道，是邪非邪？"[①] 看来，司马迁并非借《项羽之死》来宣德讲道，而是提供了一种审视和思考。一千多年之后，宋代诗人李清照读出了司马迁的寄情寓意。她"至今思项羽，不肯过江东"（《夏日绝

---

① 参考译文：像伯夷，叔齐这样的人，可以说是好人，不是吗？积善行德，品行如此端正却饿死了。我深感困惑不解：倘若有所谓的天道，这是天道，还是不是天道呢？（《伯夷列传》）

句》）的诗句，饱含沉郁深痛的感叹：项羽那样"勇于负责任"的君皇至今没有再出现。

问责有效应范围，大到国家、王朝，小到社群、家族；任何具体的问责举动都与特定相关利益共同体的荣辱益损相关联。借用现代管理学的思路举例，项羽和江东父老子弟都属同一利益共同体成员（stakeholders）。①他们在同一赌局或风险项目中投入了各自的赌本和资源，且希望并愿意尽力促成该事业最终成功，以便从中获益获利。这种因共同参与和投资而产生的风险共担意愿，以及对成功后分享收益的共同期待，将不同的风险投资者捆绑成一个利益攸关集体。

项羽和江东父老子弟做的是特殊的"风险买卖"。这在中国古代社会是常见现象。陈胜、吴广说："今逃跑是死，举事造反也是死；都是死，不如做震惊全国的

---

① Stakeholder 一词没有准确恰当的中文译名。Stake 一词有两个含义：一指在一风险项目或赌局中所投入的金钱本钱，一指在一企业或运行中所拥有的股份或权益。由此延伸，stakeholder 就指这种押赌者或利益攸关者（参见《Concise Oxford Dictionary·Tenth Edition，1999》《Merriam-Webster's Collegiate Dictionary·Eleventh Edition，2003》）。梁实秋主编的《远东英汉大辞典》（台北远东出版公司，1977 年）把 stake 译为"赌物"、"赌金"和"利害关系"；把 stakeholder 译为"赌金保管者"。项羽和江东父老子弟在起事时，有共同的参与、共同的目标方向，也各有"赌本"资源的投入；但这些"利益共系者"之间的地位并不平等，他们各自发挥的重要性作用也不同。

事而死，如何?"（"今亡亦死，举大计亦死；等死，死国可乎?"《陈涉世家》）项氏叔侄起事的根据地在今苏南吴中，即江东地区。项氏叔侄和江东子弟们一旦共同造反，他们的"股本投入"、失败后果和成功收益等，也就统统捆绑在一起，彼此成了损荣与共的一个共同利益集体。假若项羽事成，那么江东吴中乡众子弟将会是最大的利益收割群体之一。而项羽之"不肯过江东"，也只是他对与其利益相关者（江东父老子弟）的交代和酬答，与其他地区的民众百姓并无直接关系。历史上项羽兵败，江东子弟兵全部战死，江东起事成就大业这单"买卖"或"赌博"就此彻底输光，"血本"无归了。

在参与这类高风险政治买卖的共同利益群体中，本乡本域关系自古以来就是"参股者"之间的重要共性和联系纽带之一。司马迁显然注意到这一点，并把这一现象和关系摆到读者面前。比如，刘邦手下主要功臣大都来自其家乡丰县沛县。《高祖本纪》写到，刘邦最后衣锦回乡时，感怀沛县父老当初对他的坚定支持，宣布永远免除沛县百姓的徭役。这是刘邦对其本乡政治忠诚者支持者的特殊物质利益奖赏。后在沛县父老的一再求情下，刘邦也同意免除他的出生地丰县的百姓的徭役负担。刘邦之所以起先对丰县有所保留，是因为丰县乡众曾经在他走背运时背叛过他。

在中国传统社会中，个人或地方势力的政治投靠或"选边""站队"，经常具有极高的风险和不确定性。与现代市场商业投资完全不同，那种"政治风险投资"不仅不受法律的保护，也不能随意自由进入和退出，"投资者"不仅要押上个人所有物质资财，往往还须押上其本人和整个家族的政治前途和身家性命。而一旦押宝成功，随之而来的政治和经济收益也异常丰厚诱人。刘邦的免除徭役和项羽的以命相酬，其实都不过是和他们各自相关乡域的共同利益攸关者群体的对话而已。

三十三　"鸿门宴"是寓言

　　除了《项羽之死》，《项羽本纪》中不循"常规惯例"书写历史的例子，还有"鸿门宴"一折。

　　《项羽本纪》自开篇起一直客观谨慎地叙事，顺着时序平实交代事实，并不旁枝敷陈横向展开；但到了"鸿门宴"，突然插入有众多人物出场和互动的一大段戏剧情节描写。待"鸿门宴"罢，文字叙事重又回归此前简明、平实、客观的录事记言风格。

　　"鸿门宴"一折实乃寓言也。作者用精彩的故事包裹着对那段历史时局的概括、分析和评点。至于那一大段描写是不是历史的真实发生，不是此处讨论的重点。

　　历史事实是：项羽一生中唯一一次可一举铲除刘邦集团的有利时机，就是自他率大军进入关中，驻扎在新丰鸿门（今陕西临潼东北），直到刘邦受封汉王率部退入汉中的这一时间段。在双方同驻关中期间，项羽握有政治和军事上的绝对优势，一举消灭刘邦易如反掌。司马迁敏锐地观察到这一历史机遇窗口。《高祖本纪》写刘邦受封后率部属退入汉中，"去辄烧绝栈道，以备诸侯盗兵袭之，亦示项羽无东意"，再清楚不过地交代出刘邦集团彼时的危险处境和惶恐心态。

项羽对刘邦一直有所警惕，在入关前和进关后，曾几次萌发对刘邦动手的念头。[1] 回望历史，此关中窗口期的唯一性，只有放在楚汉军政大棋局中进行衡秤，方能看得清楚；而项羽放走刘邦，放弃关中，东迁彭城之时，恰是他在战略上走向下坡路的转折点。然而，清楚明了地呈现这一见解判断，需要条分缕析地展示当时包括关东各股势力在内的天下情势和错综关系，还需要具体掂量项羽与刘邦摊牌的眼前得失及长远后果。如此写来，不免要在《项羽本纪》中嵌入大块抽象论说，这无疑会破坏此篇传记的写作逻辑和叙事结构，也会打乱写家与读者自开篇以来已然建立起来的交流默契和阅读

---

[1] 吕思勉说："楚、汉间事，多出传言，颇类平话，诚不可信。然所传情节可笑者，未必其事遂不实。如《史记》述沛公至鸿门见项王事，其诙诡何异于《三国演义》？然谓是时，沛公与项王不相猜疑，得乎？"（吕思勉：《读史札记》，南京：译林出版社，2016年，第480页）

期待。

《史记》并非"官书读本"，而是面向一般识字人群的"兴趣读物"。如何吸引读者阅读，应是司马迁落笔时的重要考虑之一。于是，司马迁做了变通，转而浓墨重彩地写了一场酒宴活动，巧妙而艺术地隐喻刘、项同驻关中的这段情势。他把刘、项两集团之间的紧张关系、发生冲突的危险、难得一遇的良机、相关人物的活动和具体环境气氛等，统统浓缩转化为一场酒席宴上的惊心动魄。读者阅读此段，宛如观看大戏一般。毫无疑问，历史上真实存在的这一机会窗口期，绝不仅限于双方一起饮酒的那几个时辰。

"鸿门宴"一折当然有虚构渲染的成分，但其传递出的讯息、情势、感受和关系等令人信服，多数读者看后都惋惜项羽坐失良机。此种效应当是司马迁的设计与期望。可以基本肯定的是，历史上放弃关中灭刘的最终决策者，当是项羽本人。然接下来的追问是：项羽当时为什么没对刘邦集团采取"果断行动"？是他低估了刘邦的潜力和能量，是念及曾经有约并肩灭秦，还是忌惮关中动手后的政治后果？《史记》没有正面回答。大概司马迁手里也没有现成和周全的答案吧。

"鸿门宴"一折末尾，用范增"吾属今为之虏矣"（我们这些人就要成为刘邦的俘虏了）作结束语。表面

插图 11　历史学家吕思勉

看，它似收束点睛之笔，但很有可能也是"事后预言"。《项羽本纪》的"太史公曰"只字未提关中窗口期，但却明确指出项羽舍弃关中定都彭城（背关怀楚）的决策相当错误。这等于间接提示读者：假如当年项羽定都关中，那么退居汉中的刘邦也许就难有后来的大作为。没准儿正是项羽和楚军上下"衣锦还乡"的心愿与局限，最终毁掉了他的王霸大业？

吕思勉说："世皆以背关怀楚，为项羽之所以亡，此乃汉人成说之误，在今日，知其非者渐多矣"。他分析：高祖"灭项氏之后，频岁驰驱东方，并起诸雄，皆为所翦灭"；"此无他，知天下之大势在东方，驰驱于东方，犹战于敌境，安居关中，则待人来攻矣。东方所以为大势所系，以其富庶也。东方定，高祖亦无禄（无命消受，泛指死亡，引者注）矣，使其更在位数年，亦安知其不为东迁之计哉?"[①] 内心揣测，司马迁好几次直书暗写"衣锦还乡"情结，或有深意深思。

[①] 吕思勉：《读史札记》，南京：译林出版社，2016 年，第 481—482 页。

三十四　《史记》的出新

从《项羽之死》到《项羽本纪》再到《史记》全书，作品与作者之间的关系可谓复杂曲折。据李长之考证，《史记》一些传记篇章是司马谈的手笔；[①] 但纪传体史书撰写体例，经司马迁之手最终定型并成书，这当属前无古人的新创造。

《史记》出现之前，中国已有编年体史书存在，比如《春秋》。《春秋》文风平直，记述不用褒贬字词，录史者褒贬倾向隐含在字里行间。此记述风格和书写特征，后世称作"春秋笔法"，是融混史实记述和史家褒贬为一体的一种叙事方式。

《春秋》体例包含若干构成要素。第一，当时史实

---

① 李长之：《司马迁之人格与风格》，第 172 页。

记录者都是受雇于宫廷的史官，比如历史上非常著名的董狐，就是春秋时晋国太史。梁启超和钱穆都曾说过：中国古代学术大率为官府所专有，而史官尤握古代学术之全权。① 第二，当时史官所记录的内容，仅限于有关统治者当权者的情况、事迹及言行等。孟子说：《春秋》，天子之事也（滕文公章句下）。第三，当时史书的目标读者群局限于朝堂和统治阶层内部。孔子作《春秋》，欲为君王者镜鉴。第四，当史官与当权者对同一事件的看法和判断有分歧时，史官就运用"春秋笔法"，在史书中潜隐地保留和表达自己的观点立场。

《史记》之出新在于：首先，放弃编年体例侧重记事的做法，转而侧重写人。《史记》以人物传记为主体形式，通过历史人物的生平、活动及命运结局来呈现历史过程，以展现历史人物群像为基本特征。这种变化意味着书写者对各种历史人物及其活动造就相应社会形态，导致社会发生变化的重要性的重新认识和重新评价；认为社会中所有事情皆因人而发生，皆围绕人的行为和决定而发展和变化，最后导致产生种种不同的社会

---

① 梁启超：《要籍解题及其读法》，长沙：岳麓书社，2010 年。钱穆：《国史大纲》，北京：商务印书馆，1996 年，"引论九"。

结果、样态和命运。①

其次，如鲁迅所说，司马迁虽"自谓其书所以继《春秋》也"，但实"背《春秋》之义"。② 司马迁通过关注和书写更多样的历史人物及其命运经历，以"究天人之际，通古今之变"，即探索天道意律与人事努力之间的分界，找寻古今社会变迁的一般通则。他对史学价值和功能的理解和追求，已然与前人视野和传统观念不同。值得注意的是，司马迁的探问侧重由人入手，以人为基本，尤其关注人生人性及其样态、原由和变化。

再次，展示历史人物的经历和命运，很易引发读者移情共情。因为观看他人生命历程，往往令人自动联系自身境遇和人生经验，此种心理过程在阅读历史时尤为活跃。司马迁注意到这一层，并有意识地通过他的写作来引发和强化此种传通效应。也许正因如此，才有众多后世人"读《游侠传》即欲轻生，读《屈原贾生传》即欲流涕，读《庄周鲁连仲传》即欲遗世，读《李广传》

---

① 梁启超总结《史记》创造之要点：一、以人物为中心。二、历史之整个的观念。《史记》实为中国通史之创始者。自班固以下，此意荒矣！上二项就理想方面论。三、组织之复杂及其联络。四、叙列之扼要而美妙。上二项就技术方面论。（详见梁启超：《要籍解题及其读法》）

② 鲁迅：《汉文学史纲要》，第57、59页。"春秋之义"一般指春秋时代通行的义法，即以王命为重，处理好上下、大小的关系等。

即欲立斗，读《石建传》即欲俯躬，读《信陵平原君传》即欲养士也。"①

复次，司马迁虽然是朝廷史官，但《史记》实是他利用"官职之便"所干的"私活"。《史记》不是欲呈献朝廷渴求认可批准的"官书"，而是打算"藏之名山、传于后世"的"私撰本"。② 它记述了社会上下各阶层的众多人物，传主的入选标准资格早已突破了帝王将相的地位身份限制。司马迁心中的目标读者群体，也早超出了统治者阶层范围。后世普通读者读到陈胜、项羽、刘邦等人自草根底层奋然揭竿举事、并成就一番改变时代的作为的记述描写，往往感觉这些人和类似事就在自己周围和身边，从而对"王侯将相宁有种乎"的激荡鼓动，产生强烈认同与共鸣。可以说，《史记》第一次全方位地将历史书写带出了君皇王公的庙宇朝堂，走入广阔的社会生活和民众中间。尽管宫崎

---

① 转引自鲁迅：《汉文学史纲要》，第59页。
② "秦既燔灭文章以愚黔首，汉兴，则大收篇籍，置写官，成哀二帝，复先后使刘向及其子歆校书秘府，歆乃总群书而奏其《七略》。"（鲁迅：《中国小说史略》，第1页）汉景时，民间藏书解禁，于是出现私下撰写史书者，如班彪、班固父子。当时私修国史属于违法，但也有后经官家审读后被吸纳为官方正统者，如班固的《汉书》。

插图 12　鲁迅著《汉文学史纲要》

市定也对司马迁《史记》对女性的态度和写法提出批评意见。①

又次，"春秋笔法"是史家面对君王强权压力，争取独立表达权的一种曲折抗争书写。《史记》既然不需要通过当朝官方的正式批准和认可，也就不用过分顾及官方正统立场、口径、限制或禁忌，落笔时自能相对放开放松，结构和表达少有拘束，尽管《史记》也用春秋笔法。

最后，《史记》主动把历史事实记录与史家主观评议，在格式呈现上分开分立。这种做法的意义在于，历史书写者既可客观如实地记录以往事件、人物和情景的发生情况；又可作为观察家，直言表达自己对历史现象和人物的主观评判。这种做法与现代新闻专业操作方式相似：即"事实报导"与"主观评论"分开。现代专业新闻机构将其社论明确标为"代表本社（机构）观点立场"，司马迁也把《史记》中他本人的点评意见，用"太史公曰"标明。

有研究者统计，自汉至清，《史记》的研究专著总计有 101 部，单篇论文 1435 篇；20 世纪以来，对司马

---

① 宫崎市定：《宫崎市定解读〈史记〉》，第 168—171 页。

迁与《史记》的学术研究不断壮大，研究领域和深度不断扩展。^① 这一趋势如能保持下去，未来应可出现更多有质量、有新见解的著述和文章。

---

① 曹晋：《〈史记〉百年文学研究述评》，《文学评论》2000 年第 2 期，第 5—13 页。

三十五 "李陵之祸"是分界线

梁建邦认为，从司马谈动手修史开始，到司马迁接班，再经"李陵之祸"，直至最后完成，《史记》的成书过程可以划分为"形成期、蜕变期和升华定型期"三个阶段。① 这是一家之观点见解。不过，还可以有更简明的划分处理。

一书内容之初成、扩充、调整改变，直至最终完成，并非一自生长过程，而是一个因变项；它深受作者经历、生活、命运沉浮和人格心智变化的影响与左右。如想深入理解《史记》，就绕不开对司马迁一生及其情性的了解和品思。纵观司马迁一生，"李陵之祸"当是

---

① 梁建邦：《司马迁创作〈史记〉主旨的形成与升华》，《渭南师范学院学报（综合版）》2010 年第 1 期，第 35、9 页。

其中最重要、最关键和最本质的一道分界线：它直接且暴力地分割和决定了司马迁人生的前后期变化及其不同性质的生命追求；并最终使他成为了"这一个"司马迁，也令《史记》成为"这一个"文本。

司马谈临终叮嘱司马迁，一定要接替他的太史职务，务必完成其史书编写的夙愿，司马迁流泪答应，并在此后的几年时间里认真地做着这项工作，论述编次所得文献和材料。假如后来"一切如常"，他大概会像他父亲那样度过宫廷史官平淡寂寥的一生。

鲁迅曾说："武帝时文人，赋莫若司马相如，文莫若司马迁，而一则寥寂，一则被刑。盖雄于文者，常桀骜不欲迎雄主之意，故遇合常不及凡文人"。[1] 用寥寂、恃才、桀骜、"不欲迎雄主之意"和"遇合常不及凡文人"等，来概括司马相如一生或许恰当；司马相如一生未经遭大难，最后因病而死。用以概括司马迁受刑前的情况，也基本合适；但对其之后的情况，就不大适合了。汉代两司马的人生境况遭遇并非同轨重合。

历史和命运不肯轻易放过司马迁！"天汉中李陵降匈奴，迁明陵无罪，遂下吏，指为诬上，家贫不能自

---

① 鲁迅：《汉文学史纲要》，第54页。

赎，交游莫救，卒坐宫刑。"① 当其时，身陷囹圄，死罪临头，万般无奈之下，忍就宫刑应是暂且先求生的唯一出路。然受刑之后的司马迁还能初心依旧地回去埋头续写他的历史书吗？答案不言自明。

接下来该怎么办呢？他自己说："仆以口语遇遭此祸，重为乡党所笑，以污辱先人，亦何面目复上父母之丘墓乎？虽累百世，垢弥甚耳！是以肠一日而九回，居则忽忽若有所亡，出则不知其所往。每念斯耻，汗未尝不发背沾衣也！"（《报任安书》）在这种极度悲苦和颓丧的状态下，书肯定写不下去了。

他痛苦悲号：谚曰："谁为为之？孰令听之？"；"仆大质已亏缺矣，虽材怀随和，行若由夷，终不可以为荣，适足以发笑而自点耳"；"是余之罪也夫。是余之罪也夫！身毁不用矣！"（《报任安书》、《太史公自序》）②

---

① 鲁迅：《汉文学史纲要》，第57页。天汉（公元前100—前97年），汉武帝刘彻的第八个年号，共四年。李陵（公元前134～前74），字少卿，陇西成纪人，西汉将领李广之孙，曾率军与匈奴作战，终因粮尽矢绝，救援不至而投降。单于以女妻之，立为右校王。居匈奴二十余年后病卒。

② 参考译文："俗话说：为谁去做，让谁来听？"；"像我这样的人，身躯已经亏残，即使才能像随侯珠、和氏璧那般稀有，品行像许由、伯夷那样高尚，终不可以这些为荣，却足以被人耻笑而自取其辱"；"这是我的罪过啊！这是我的罪过啊！身被摧毁，再没用处了！"（《报任安书》、《太史公自序》）

174

这真乃"仰天椎心而泣血也"（李陵《答苏武书》）。

退忍而痛思苦想，司马迁慢慢从古代智贤哲人事迹中得到启发，渐渐认识到，古往"圣人贤士"皆因"心有愤懑而作"；他们或有困惑忧愁，或因理想抱负不得实现；那些不能解决的矛盾和问题郁结于心，不得舒通，于是发奋著述，通过回顾往事来思考当下和未来，留下他们生命的印记。于是，他从极端的悲苦中缓慢艰难地走出来。应该说，只有经过这样一番思想、精神和心理上的涅槃重生，司马迁才慢慢找到活下去的动力和出路，方能"隐忍苟活，函粪土之中而不辞"，才有可能重拾《史记》书写，以"偿前辱之责，虽万被戮，岂有悔哉"（《报任安书》）。

"李陵之祸"也必然令《史记》书写发生"质变"。司马迁完成《史记》后写到："仆之先人，非有剖符丹书之功，文史星历，近乎卜祝之间，固主上所戏弄，倡优畜之，流俗之所轻也。"（《报任安书》）[①] 一个对朝廷史官的政治地位和社会角色有如此清醒认识的人，又身遭腐刑之辱，显然对当朝君王和正统功名已不再抱任何幻想；也不大可能用他以全部生命和荣辱为代价换来

[①] 参考译文：我的祖先没有剖符丹书的功劳，作为职掌文献史料天文历法的官吏，地位与算卦祭祀者相当；本就是皇上所戏弄，作为倡优来豢养，被世俗所轻视的人。（《报任安书》）

的史书写作，仅去追求所谓的"纪实"，去迎合字面的"严谨"和"真实"。受刑后的司马迁应是与其父司马谈有所不同的历史书写者：他超越了正统史官职务和功能的框限羁绊，奔向新的天地空间。

比如，司马迁不同意壶遂拿他的写作与《春秋》相比，说"而君比之于春秋，谬矣"（《太史公自序》）。此话的意思可有两种解法：一是说《史记》不敢和《春秋》相比；另一是说两者没有可比性，根本无法比。鲁迅也说，司马迁的书写"不拘于史法，不囿于字句，发于情，肆于心而为文"；他"恨为弄臣，寄心楮墨，感身世之戮辱，传畸人于千秋，虽背《春秋》之义，固不失为史家之绝唱，无韵之《离骚》矣"。① 刑余之司马迁自不受一般史学或文学书写规范的限制和束缚。

史学之本在事实和证据。史学必须严守真实。如果虚构，就损害了真，也就毁掉了史学。如以"事事真确"为标准来衡量，《史记》中存在有意或无意的"不合规"的记述内容，如上文所举《项羽之死》的那些例子。吕思勉也说："此篇（项羽本纪）带传说性质甚多"；他怀疑《项羽本纪》文多采之《楚汉春秋》等书，并列举"鸿门宴"前后一些具体描写，说"仔细思之，

---

① 鲁迅：《汉文学史纲要》，第 59 页。

176

插图 13　鲁迅《中国小说史略》初版封面

有一近于情理者乎？"。①

文学之本聚焦于人，探索人性、人心和人生等现象和问题，追求情与理的极至美。文学除了能记录"是如何"，还可以书写"可如何"或者"应如何"。按照史学标准，文学经常被认为是"不真实的"；但在文学家、哲学家眼中，文学恰恰是"更真实"的呈现。亚里士多德就说：历史学家和诗人的区别在于，前者记述已经发生的事，后者描述可能发生的事。所以，诗是一种比历史更富哲学性、更严肃的艺术，因为诗倾向于表现带普遍性的事。所谓"带普遍性的事"，指根据可然或必然的原则某一类人可能会说的话或会做的事。② 亚氏甚至说：人们在讲故事时总爱添油加醋，而不可能发生但却可信的事，比可能发生但却不可信的事更为可取。③ 这里提醒一点：亚里士多德是在古希腊的史学家和诗人（文学家）之间，已然有职业区别、有行当分工的背景下，讨论分析他们各自功能特性。

以现今眼光观之，作为作者的司马迁和作为作品的《史记》兼跨文、史两行两界；但在这两行两界中，他

---

① 吕思勉：《史学与史籍七种》，南京：译林出版社，2016年，第264页。
② 亚里士多德：《诗学》，第82页。
③ 亚里士多德：《诗学》，第169—170页。

们都不能算是"正规"或"纯粹"的典型或代表。司马迁想必十分认同孔子"言之无文，行而不远"的观念，文学描写、渲染和装饰无疑大大提升了《史记》的传播扩散影响力。但是同样可以肯定的是：在《史记》中，文学并非史学的"助手"或"仆从"。"文学绝不是知识的扩张，而是彰显心灵的力量"①。文学与历史一样，同是司马迁的"书写主场"!《史记》亦文学!

---

① 陈国球：《文学如何成为知识? ——文学批评、文学研究与文学教育》，北京：生活·读书·新知三联书店，2013年，第112页。

三十六　《项羽之死》能算小说吗?

　　《中国小说史略》认为:中国秦汉时期尚无小说作品,今所见汉人小说皆伪托,唐人始有意为小说。[1] 不过,如果能把《史记》纳入文学,那么《项羽本纪》或《项羽之死》可不可以算作小说一类呢? 这是一个问题。

　　英国作家毛姆小说写得出众,对小说欣赏也见解独到。[2] 他的《巨匠与杰作》 (*Ten Novels and Their Authors*) 一书,专把作家和作品放在一起观看。[3] 他说:"我相信,了解作者是什么样的人,会帮助读者理

---

① 鲁迅:《中国小说史略》,第 1、19、54 页。

② 威廉・萨默塞特・毛姆 (William Somerset Maugham,1874 ~ 1965),英国小说家、剧作家;代表作有《人生的枷锁》《月亮和六便士》等。

③ 毛姆:《巨匠与杰作》,李锋译,上海:上海译文出版社,2013 年。

解和欣赏他的作品。"①

毛姆认为：小说主要有两种写法，两者各有其利弊。一种是用第一人称写，另一种是以全知的视角写。"就第二种写法而言，作者可以把他所认为必要的信息全都告诉你，使你能够跟上故事的发展、理解其中的人物。他可以从内部描述他们的情感和动机"。② 按照毛姆的说法，《项羽之死》不就是全知视角写作吗？

毛姆还说：全知视角下写小说，对作者的要求太高，以至于始终无法完全达到。"作者必须得深入每个人物的内心，感其所感，思其所思；但作者亦有自身局限性，只有当他身上具有其笔下人物的某些影子时，才能做到这一点。否则的话，他只能从外部观察，而此时的人物便会缺乏使读者相信他的说服力"；其结果便是"一组人物可能比另一组人物有趣得多"。③ 比较起来，《史记》中有些人物传记的确写得更精彩，而《项羽本纪》正是其中最优秀的、显然也是作者倾注心血最多的篇目之一。

毛姆指出："小说家要受自身偏见的左右。他所选

---

① 毛姆：《巨匠与杰作》，第 18 页。
② 毛姆：《巨匠与杰作》，第 8 页。
③ 毛姆：《巨匠与杰作》，第 8—9 页。

择的题材、他所创造的人物以及他对这一切的态度，都会受其影响。不管他写什么，都会传达出他的个性，展现出他的本能、感受和体验。无论他如何努力地保持客观，都依然会受控于自身癖好。无论他如何努力地保持公正，都不可能没有偏袒"。[1] 这番分析符合阅读《项羽本纪》或《项羽之死》所获的一般性体验：读者从字里行间可以感触到司马迁起伏涌动的思绪、倾向与共情。

第一人称讲故事也有优势，因为用第一人称可以令叙事具有真实感。但作者只能告诉读者，他自己的亲眼所见、亲耳所闻、亲身所为所想。这就有很大的局限性。所以毛姆推断："既然大多数小说都以全知视角写出，我们也只能据此认为，一定是小说家们发现，这种写法总体而言是他们应对困难时最感满意的方法。"[2] 司马迁没有留下写作理论方面的文字总结，但写家的直觉使得他的做法与毛姆所说的不谋而合。司马迁采用全知视角书写人物传记，而把他以第一人称叙事的内容放在"太史公曰"中。

《史记》亦史亦文。当后世学人面对这一"复合式

---

[1] 毛姆：《巨匠与杰作》，第7—8页。
[2] 毛姆：《巨匠与杰作》，第9—10页。

插图 14　英国作家毛姆

文本"，按照近代学科分类的标准认识，来反推定义司马迁的专业行当归属时，只好同时封他为史学家/文学家。可是这两个头衔之间是什么关系？谁先，谁后？哪个为主，哪个为辅？一个人如要同时戴两顶帽子，该怎么戴呢？这正像人们面对同一《项羽之死》文本，却分别得出"东城说"和"乌江说"两个不同的结论判断一样。

陈国球认为："文学"的"知识化"和"学科化"，在现代中国，或多或少受到 20 世纪初英国大学，尤其剑桥学派的影响。他说：现代中国的学术思维以至学科观念，其实已不得不追随西方的近代发展而重新调整以作适应。就所讨论的"文学"而言，也是一个从现代出发的概念。但由于社会结构和情况古今不同，"文学"在今天的意义已和过去有别。①

梁启超说："《史记》为正史之祖，为有组织有宗旨之第一部古史书，文章又极优美。……故凡属学人，必须一读，无可疑者"；"《史记》为千古不朽之名著，本宜人人共读"。他还说："前此史家著述成绩何如，今不可尽考。略以现存几部古史观之，大抵为断片的杂记，

----

① 陈国球：《文学如何成为知识？——文学批评、文学研究与文学教育》，"前言"，第 4、7 页。

或顺按年月纂录。其自出机杼，加以一番组织，先定全书规模，然后驾驭去取各种数据者，盖未之前有。有之，自迁书始也"。① 梁启超的这番话，说的是《史记》在史学上的地位、特点和价值。

与此同时，他又说：根据近代史学家的新观念，中国古代史家作史，大率别有一"超史的"目的，即借史事为其手段；此在各国旧史皆然，在中国为尤甚也。故《太史公自序》首引董仲舒所述孔子之言说："我欲载之空言，不如见之于行事之深切著明也"。大意说：吾本有种种理想，将以觉民而救世，但凭空发议论，难以警切，不如借现成的历史上事实做个题目，使读者更为亲切有味云尔。梁启超还特别提醒说：司马迁著书的最大目的，乃在发表"一家之言"，而这"一家之言"借史的形式发表出来；"故仅以近代史的观念读《史记》，非能知《史记》者也"。② 显然，梁启超也尽力想把《史记》的深刻思想蕴含与潜能充分凸显出来。

---

① 梁启超：《要籍解题及其读法》，第 15—34 页。
② 梁启超：《要籍解题及其读法》，第 15—34 页。

三十七　叩问人生人性

《史记》到底应算历史，还是文学？

首先，对这个问题，司马迁不感兴趣，也不在乎。刑余之司马迁深知，他的人生已没有了"现在"，手中只有"过去"；他只能寄其希望于未来，寄望与后世智识之士的对话、共鸣与接力。他根本不会关心他到底应该算个什么"家"，或者《史记》该归入哪一类书的问题。

其次，在司马迁的时代或者在他的手中，历史和文学并不存在交叉融合的问题，它们本就是自然混沌的一体一家。读者可以发现《项羽之死》中的史实记述和文学描写无痕交融了无隔碍，连接或跳转都不用任何"过门"或"交代"。

再次，究其内质，司马迁应算一个思想者和提问人。因为，由"稽其成败兴衰之理"，到"亦欲以究天人之际，通古今之变"，不懈的思索和探问方是他最本质最终极的生命努力。他把许多有关人生人性的事实、现象、故事、冲突和纠结等，尽可能丰富、生动地摆在读者面前。回头看《项羽之死》文本中那么多的含混、矛盾或悬题，很可能都是司马迁希望后世读者留意和思考的。

比如，《项羽之死》最后写道：项羽死后，刘邦敬重效忠项羽坚守抵抗的鲁县人，不用大军强攻鲁县，而采用劝服方式妥善解决之；后又依礼安葬项羽于鲁地，还亲临祭奠，洒泪方去；对项羽宗族旁支也不杀戮追究，还封项伯等人为侯，赐姓刘。① 所有这些都是当时公开发生的重要事件，应属比较可信的历史实际情况。司马迁的这些交代表面写项羽身后事，实则揭探刘邦的内心。此处潜藏着一个直面读者的问题：换作你，会如此宽仁地处置吗？

刘邦在项羽墓前洒泪祭奠，最易引人猜疑。刘邦是假哭作戏（似无此必要和压力），还是出于对真正的对

---

① 刘邦以鲁公礼葬项羽于谷城。钱穆认为，谷城在今山东曲阜西北的"小谷城"（《史记地名考》）。赐姓指帝王赐给臣民姓氏。而赐国姓（皇姓）是帝王对臣民的最高精神奖励，具有褒奖、安抚、笼络、保护等目的和功能。

手的尊重和曾经的战友的惋惜？古罗马大将布鲁图将死，其劲敌安东尼和屋大维异常悲伤；日本战国时代名将上杉谦信得知和他交战十四年的武田信玄的死讯时放声大哭，因为失去了"最好的对手"。① 也许刘邦想起，当年正是项羽抗击和消灭了秦军主力，他才得以先行进入关中，而项羽在关中没有下手消灭他，还封他为汉王，一时内心感触良多，禁不住落泪？众人皆知，刘邦正是沿用"汉"，来作为他所创立的王朝的国号。司马迁不动声色地把这些现象和情景一一摆在读者眼前，促使人们体悟和思索人心人性之复杂与多面。

当司马迁以对人生人性的探问来统领其历史文学书写时，他的求索追寻努力就成了只有出发、没有终点的旅行。《史记》正是他的"旅途笔记"。也许正因如此，读者时至今日还能隐约感觉到，司马迁仿佛仍与当下同在，与今人同行。

最后，读者能从《史记》中获得什么，是史实信息还是文学审美教化，完全是自取自助的活动和选择。《史记》应该算历史书还是文学书，不是司马迁的纠结，而是后人自缚的烦恼。司马迁都不在乎，后人何必非要有个呆板机械的终极定论？况且有无定论，丝毫不妨碍

---

① 新渡户稻造：《武士道》，第37页。

读者从《史记》中有所获取；正像不必非先认识老母鸡，吃鸡蛋才能获得营养一样。

简言之，《史记》就是《史记》！用司马迁自己的话，它就是"一家之言"：《太史公书》。[①]

---

① 司马迁：《史记》，北京：中华书局，第 3319 页。《史记》英文翻译也依此义：Records Of The Historian。

三十八 "一家之言"的双重含义

按照论辩学的说法，"一家之言"同时包含两重词义。一指提出某一论点判断；另一指承认和接受"以不同意为特征的互动交流"（an interaction characterized by disagreement）。① 通常情况下，人们往往忽略或丢弃后者。

在自由和平等的前提下，提出一家之言，不仅只亮明某种观点和立场，同时也表示欢迎来自反对方的互动辩说。这里所说的争论和互动，是指与他人平等说理论辩的过程与活动。假如某方提出一观点，却不允许有任何来自反方的说理论辩，那么该观点论断就不是什么

---

① 郝理翰、巴斯科：《论辩学教程：论说与辨争的思维与方法》，邓炘炘译，北京：清华大学出版社，2018年，第4—7页。

"一家之言"。不主动、不自动接受争论挑战的任何观点判断，都不是平等辩论说理的代表，而只可能是某种不可抗力撑腰的命令、指示或者要求的伪装化身。

任何政治家或艺术作品，都逃不过时间和后世的"无情"打分和定论。不以获得官方认可为目的、也不靠"政治正确"或资政献策去博获青睐的《史记》，以"一家之言"的"平等身姿"进入超越时空的"观念的市场"（the marketplace of ideas），历经两千多年各种竞争和筛选的考验留传至今。也许恰恰因为《史记》的历史书写侧重展现、思索和追问人生人性的种种问题，而不是给出"标准正确答案"，从而比肩古今中外最优秀的文学作品，与它们的旨趣追求相贴近相重叠。

《史记》亮出的矛盾、困惑以及悬而未解的难题，远比书中所能回答的要多得多。世间有太多未可理解、无法合情合理析说的事物和现象。司马迁通过人物群像来探找"天道"和"人事"接壤的界线在哪里，以期发挥人的主动作为和积极努力；他追问社会历史纷繁变化的共通规律是什么，哪些是人可把握的常则和共知，并始终与他的读者共同交流探讨着。因此，只把《史记》文本当作绝对真实的静态史实录写，陷入对它字词语句的繁琐纠缠，或许恰与司马迁的著述本愿相背反。司马迁如知今人还为东城、乌江的地点争吵不休，没准儿会躲在一旁暗自发笑。

普特南（Hilary Putnam）说：如果哲学研究能使我们对那些被称之为"哲学问题"的谜有更深的理解的话，那么从事这些研究的哲学家们就是在做着恰当的工作。哲学不是一个有终解的话题。[①] 同理，史学也不是一个有终解的话题。历史学和历史研究的目的，并非只在记录、传承和告知，更在启迪思考，促进和深化人们对人生人性和社会演进变化的理性观照和深入反思。就此种自觉意识和胸襟气魄而言，司马迁远超同侪后辈，《史记》也远胜其后无数史书著述。

鲁迅称《史记》为"史家之绝唱"，但他没有细论为什么它后世无继。这里所能想到和列出的归因类项大致有：（一）其后史家自身才学不及？（二）其后史家献身精神不够？（三）其后史家地位、资源和机遇不及？（四）时代、制度、环境条件不允许？（五）其后史家人生命运之追求选择不同？（六）史学和文学由混融一体，渐趋于相对独立和分离？等等。

说司马迁《史记》成为史家绝响，令后来者不免心生感伤。不过换个角度看，《史记》二千多年来对华夏

---

① 陈亚军：《普特南：哲学不是一个有终解的话题》，《社会科学报》2016 年 4 月 7 日，第 6 版。

后裔和社会生活的影响和作用，绝非限制或者仅只显现在史学领域。可以肯定，它今后还会在一定程度上继续发挥烛照世人生活前路的作用。正如梁启超所言，不宜囿于史学一隅来观看《史记》。

三十九　无解的辩与争

　　本书开篇所提"项羽身死何地"的学人争论，初起于 1980 年代，之后时起时伏时热时隐，至今没有取得共识结论；尽管达成共识结果，并非学术争论的本质追求。以下是此论争大致的编年线索。

　　1985 年 2 月 13 日，计正山在《光明日报》发表了《项羽究竟死于何地？》一文，认为项羽当年战死在东城（今安徽定远境内），不是死在乌江。冯其庸读到此文后，开始与计正山建立起合作研究关系。① 1992 年，呼安泰在《南京社会科学》杂志发表题为《也谈项羽殉难

---

① 冯其庸（1924～2017），名迟，字其庸，著名红学家、史学家，中国文史研究馆馆员；主要著作有《论庚辰本》《曹雪芹家世新考》《新校注本红楼梦》《历代文选》《朱屺瞻年谱》等。1985 年时任中国艺术研究院副院长、中国人民大学教授。

于何地》的文章，对计文观点提出驳议，认为项羽死于乌江当无可怀疑。两派观点的支持者纷纷跟进发表文章，各抒己见，你来我往。1987 至 2000 年之间发表的相关文章有：王贵华《项羽自刎乌江并非民间传闻——与计正山同志商榷》（1987 年）；吴仰湘《项羽自杀原因新探》（1994 年）；叶永新《也谈项羽乌江自刎原因——与吴仰湘同志商榷》（1995 年）；董书冰《浅探项羽自刎之地》（1999 年）；吴雄《对项羽乌江自刎的一种解读——小议"项王乃欲东渡乌江"》（2000 年）等。① 上述文章大致代表了 1985—2000 年间讨论的重点和范围。

冯其庸在经过一段时间的资料准备和实地调查后，于 2007 年在上海古籍出版社主编的《中华文史论丛》上发表了长文《项羽不死于乌江考》，比较详细地论证

---

① 详见王贵华：《项羽自刎乌江并非民间传闻——与计正山同志商榷》，《安徽史学》1987 年第 1 期，第 36—39 页；吴仰湘：《项羽自杀原因新探》，《晋阳学刊》1994 年第 3 期，第 65—68 页；叶永新：《也谈项羽乌江自刎原因——与吴仰湘同志商榷》，《晋阳学刊》1995 年第 3 期，第 92—94 页；董书冰：《浅探项羽自刎之地》，《安徽教育学院学报》1999 年第 1 期，第 16—19 页；吴雄：《对项羽乌江自刎的一种解读——小议"项王乃欲东渡乌江"》，《龙岩师专学报》2000 年第 4 期，第 6—8 页。

项羽死于东城的观点和逻辑，引起广泛的重视。 冯其庸的发表和"参战"吸引了更多人士和文章加入讨论，一时间这场学术争论的热度快速上升。

从 2008 至 2012 年，发表的相关文章有：可永雪《劳而无功的"项羽不死于乌江考"》（2008 年）；熊明陶、吴爱华、石家红《项羽东城突围地址究竟在哪里？——兼与宁业高教授、王贵华先生商榷》（2008 年）；任荣《"乌江自刎"故事源流析探》（2008 年）；任荣《项羽"乌江自刎"的史学和文学上的考辩——与冯其庸先生商榷》（2009 年）；周丁力《项羽自刎乌江的三种解说》（2009 年）；徐兴海《项羽死于乌江应无疑义》（2009 年）；张大可《项羽"乌江自刎"学术讨论综述》（2009 年）；汪受宽《〈史记〉〈汉书〉项羽本传对读记——以项羽自刎地点考释为中心》（2009 年）；韩大强《"项羽死于何地"研究综述》（2010 年）；袁传璋《"项羽不死于乌江考"研究方法平议》（2010）；张柏青、余恕诚《项羽死于乌江辨》（2010 年）；李广柏《项羽身死之地的再论证》（2011 年）；朱引玉《项羽死

<hr>

① 冯其庸在安徽实地考察情况，参见程世来：《项羽"身死东城"，还是"自刎乌江"？——冯其庸来安徽考察求证》，《新闻世界》2006 年第 1 期，第 49—50 页。

196

地之争的研究以及对"身死东城"的解释》（2012 年）；胡中友《项羽垓下溃围南逃乌江路线考——兼与冯其庸先生商榷》（2012 年）等。① 在这一期间，相关文章数量多，各方参辩热情也比较高；而冯文及其主要观点无疑是大多数议论所聚焦和环绕的中心。

---

① 详见可永雪：《劳而无功的"项羽不死于乌江考"》，《淮阴师范学院学报》（哲学社会科学版）2008 年第 4 期，第 90—95 页；熊明陶、吴爱华、石家红：《项羽东城突围地址究竟在哪里？——兼与宁业高教授、王贵华先生商榷》，《文史知识》2008 年第 6 期，第 142—146 页；任荣：《"乌江自刎"故事源流析探》，《淮北职业技术学院学报》2008 年第 6 期，第 32—34 页；任荣：《项羽"乌江自刎"的史学和文学上的考辩——与冯其庸先生商榷》，《安徽广播电视大学学报》2009 年第 2 期，第 99—104 页；周丁力：《项羽自刎乌江的三种解说》，《文学教育（下）》2009 年第 12 期，第 103 页；徐兴海：《项羽死于乌江应无疑义》，《渭南师范学院学报》2009 年第 1 期，第 10—13 页；张大可：《项羽"乌江自刎"学术讨论综述》，《红河学院学报》2009 年第 1 期，第 21—28 页；汪受宽：《〈史记〉〈汉书〉项羽本传对读记——以项羽自刎地点考释为中心》，《信阳师范学院学报》（哲学社会科学版）2009 年第 1 期，第 17—23 页；韩大强：《"项羽死于何地"研究综述》，《信阳师范学院学报》（哲学社会科学版）2010 年第 2 期，第 142—147 页；袁传璋：《"项羽不死于乌江考"研究方法平议》，《文史哲》2010 年第 2 期，第 107—117 页；张柏青、余恕诚：《项羽死于乌江辨》，《历史研究》2010 年第 2 期，第 179—188，192 页；李广柏：《项羽身死之地的再论证》，《中国文化报》2011 年 2 月 25 日，第 3 版；朱引玉：《项羽死地之争的研究以及对"身死东城"的解释》，《巢湖学院学报》2012 年第 5 期，第 1—4 页；胡中友：《项羽垓下溃围南逃乌江路线考——兼与冯其庸先生商榷》，《江淮文史》2012 年第 2 期，第 124—138 页。

近些年，仍不时有新文章投入"战斗"。譬如，吴桂林、刘殊、金绪道《项羽专题研究》（2015 年）；何东格《再析项羽不死于乌江》（2016 年）；徐日辉《项羽"二十八骑"突围考》（2017 年）；薛从军《"项羽自刎乌江"文化论》（2018 年）；郑晓明《项羽垓下溃围至乌江自刎谜团解析》（2019 年）等。① 不过，就总体而言，讨论的激烈程度乃至参与者旁观者的热情，都呈降温下滑态势。这背后的原因是什么呢？是因为缺少新材料或新观点供应，以至于"冷饭越炒越冷"？还是由于议题的选择及建构不够周密，随着时间的推移，相关讨论不仅未能走向"拓展思维"，反而像一个越拉越紧的死扣，愈发难解，渐成僵死之局？总之，这场延续了近 40 年的争论的未来走向，还有待观察。

实际上，一些"参战者"对此延绵日久的论争恐无终解的状况也心知肚明。冯其庸在其著名长文中就曾两

① 详见吴桂林、刘殊、金绪道：《项羽专题研究》，北京：中国文史出版社，2015 年；何东格：《再析项羽不死于乌江》，《发展》2016 年第 8 期，第 58—59 页；徐日辉：《项羽"二十八骑"突围考》，《渭南师范学院学报》2017 年第 9 期，第 52—56 页；薛从军：《"项羽自刎乌江"文化论》，《渭南师范学院学报：综合版》2018 年第 5 期，第 47—51 页；郑晓明：《项羽垓下溃围至乌江自刎谜团解析》，《渭南师范学院学报：综合版》2019 年第 1 期，第 5—17 页。

次提到：盼望有一天能出现（土）汉代竹简木简版《史记》①，以证实他所提出的种种猜断。他在文中对未来考古给出"惊人新发现"满怀信心和期待；而与此相对应的"潜台词"则是：他对在目前情况和材料条件下，说服对手接受自己的观点，已不抱幻想。而赞同"乌江说"的苏卫国也承认：这一历史史实的争论永远也不会有最终结果。②

"项羽死于何地"并不只是学人学术之争，有关地县政府当局也有参与。安徽定远县、和县两地政府网站不但刊有楚霸王项羽与本县历史文化关联的内容，也曾分别登载过一些倾向本县立场的"选边站队"的论说文章。③ 一般来说，地方主政者的视野更开阔，考虑也更实际；他们希望利用项羽元素来扩大本县知名度，宣传、丰富和推广本地形象，提高当地文化和旅游经济的吸引力等。

---

① 冯其庸：《项羽不死于乌江考》，《中华文史论丛》总第86辑，第255、270。
② 苏卫国：《项羽自刎乌江问题探研——基于秦汉亭制的解读》，《学术交流》2014年第2期，第180页。
③ 安徽定远县政府网站（http：//www. dingyuan. gov. cn/）和安徽和县政府（http：//www. hx. gov. cn/）都载有楚霸王项羽与本县历史文化渊源的介绍性内容。两县官网过往还刊载不少有利于本县立场的参论文章，现多已裁撤。

四十　后记

　　2017 年 1 月 22 日，冯其庸去世；媒体报道文章重提他 10 年前发表的"著名观点"。[①] 出于好奇，找来冯文一读，并跟随相关链接线索的延伸，逐步获知了更多内容；再后来索性翻出《史记》，重读相关传记篇章，并对各家观点、说法及论争进行比对辨析。"雪球"就这样越滚越大。

　　上述阅读的同时，手头正翻译一本论辩学教科书。[②] 这两件事原本互不相干，因平行推进，渐渐搅和感应，产生了"化学反应"。此教科书主要讲解逻辑、

① 冯其庸：《我的不少散文都是调查的结果》，《北京日报》2017 年 2 月 7 日，第 14 版。
② 郝理翰、巴斯科：《论辩学教程：论说与辨争的思维与方法》，邓炘炘译，北京：清华大学出版社，2018 年。

修辞与辩论的基本原理及实操技巧，意在提升大学生读者的理性思辨能力，训练他们实事求是地进行批判性学习和分析的态度、思路和方法。书中生动鲜活的事例解析方法，对一般性阅读理解也很有帮助。受其启发，遂生出不妨自己动手做一个本土主题的阅读/思维练习个案的想法。"项羽身死何地"话题，自然而然地成了出发的起点。

整个动手过程，从一开始就跟着好玩和游戏的感觉走；没有时间压力，也无框框限制。其间，识读、追问、辨析、诘难、判断、推测和想象的零星心得和感思笔记，慢慢累积沉淀，时断时续了约两年时间，最终汇成此书文。

本稿讨论史书记述或分析论争辩说，甚至蹚搅文艺批评浑水，皆属一路漫游闲逛的"副产品"，并非"规范""正统"的历史考证或文学评论。全篇用连串设问/求解来引导、组织各章节内容，是因为问/答工具可提供积极互动交流张力，引导探究思维过程步步深入。希望本书能给读者留下批判性阅读、思维乃至研究操作方面的启发帮助。在自然界中，有的动物经人训练，也能完成和实现人的某些指令要求。但是，动物永远不会提问题。能够主动提出问题并试图思索解答之，恰是人之为人的本质特性。在当今网络讯息超饱和式轰炸、人工智能应用大举扩张的情势下，重视和强调人的这一素质和能力的培养和提升尤为重要！

特别感谢冯建三对初稿提出意见、建议以及自始至终给予的热情鼓励和帮助。感谢宰飞对本书出版的积极推荐。感谢王红燕绘制书中所用地图。感谢闵惠泉、闵大洪、庄捷、周剑、毛旭东以各自方式提供的支持和协助。书中部分插图来自网络，在此一并致谢。感谢姚望星编辑细致周到的工作，没有她的辛勤努力，本书不可能与读者见面。

2021 年 8 月成稿，
2022 年 9 月修订，
2023 年 4 月定稿。

参考文献

(中文篇目按照相关引注在书文中出现的先后排序，英文篇目排在最后。)

雷海宗：《中国的兵》，北京：中华书局，2012 年。

亚当·斯密：《修辞与文学演讲录》，石小竹译，北京：商务印书馆，2014 年。

邓炘炘：《批判性阅读与辨思：司马迁与"项羽之死"》，《传播、文化与政治》第 12 期，2020 年 12 月，第 135—227 页。

司马迁：《史记》，北京：中华书局，1959 年。

计正山：《项羽究竟死于何地》，《光明日报》1985 年 2 月 13 日，史学版。

冯其庸：《项羽不死于乌江考》，《中华文史论丛》总第 86 辑，上海：上海古籍出版社，2007 年，第 245—272 页。

呼安泰：《也谈项羽殉难于何地——与计正山同志商榷》，《南京社会科学》1992 年第 2 期，第 84—88 页。

呼安泰：《无鱼作罟习非成是——再谈项羽殉难于何地兼与计正山、冯其庸先生商榷》，《南通大学学报》（社会科学版）2008 年第 1 期，第 83—90 页。

袁传璋：《项羽死于乌江考》，《淮阴师范学院学报》（哲学社会科学版）2008 年第 2 期，第 214—222，238 页。

周振鹤：《中国历史政治地理十六讲》，北京：中华书局，2013 年。

钱穆：《史记地名考》（下），北京：九州出版社，2011 年。

李开元：《楚亡：从项羽到韩信》，北京：生活·读书·新知三联书店，2015 年。

苏卫国：《项羽自刎乌江问题探研——基于秦汉亭制的解读》，《学术交流》2014 年第 2 期，第 176—180 页。

施丁：《"项羽不死于乌江考"等文九点商榷》，《信阳师范学院学报》（哲学社会科学版）2009 年第 1 期，第 12—16 页。

谭其骧（编）：《中国历史地图集》（第二册），北京：中国地图出版社，1982 年。

中国史记研究会、和县项羽与乌江文化研究室联合考察组：《项羽垓下突围南驰乌江线路考察报告》，《渭南师范学院学报》第 24 卷第 1 期，2009 年 1 月，第 3—9、30 页。

汪泾洋：《中国古关概览》，北京：解放军出版社，2017 年。

中图北斗文化传媒（北京）有限公司（编）：《中国知识地图册》，北京：中国地图出版社，2021 年。

地图出版社（编）：《中国地图册》（普及本），北京：地图出版社，1966 年。

地图出版社（编）：《袖珍中国地图册》，北京：地图出版社，1981 年。

中国交通营运里程图集编委会（编）：《中国交通营运里程图集》，北京：人民交通出版社，2000 年。

天域北斗（编）：《安徽及周边地区公路里程地图册》，北京：中国地图出版社，2017 年。

宫崎市定：《宫崎市定解读〈史记〉》，马云超译，北京：中信出版集团，2018 年。

马道魁：《垓下故址考辨——与陈可畏同志商榷》，《宿州教育学院学报》2001 年第 1 期，第 26—27 页。

薛仁明：《天人之际：薛仁明读〈史记〉》，桂林：广西师范大学出版社，2017 年。

潘有庆：《项羽溃围路线考略——兼谈垓下古战场方位》，《阜阳师范学院学报（社科版）》1989 年第 1 期，第 71—77 页。

中图北斗文化传媒有限公司（编）：《安徽自驾游地图册》，北京：中国地图出版社，2019 年。

司马迁著/杨宪益、戴乃迭英译：《史记选/Selections From Records Of The Historian》，北京：外文出版社，2001 年。

王伯祥（选注）：《史记选》，北京：人民文学出版社，1957 年。

金鑫荣：《出版与外译：优秀传统经典的出版路径研究——以百年来〈史记〉的出版与传播为例》，《中国出版》2018 年第 13 期，第 25—29 页。

王湜华：《王伯祥选注〈史记选〉的前前后后》，《出版史料》2002 年第 4 期，第 40—41 页。

李开元：《论史记叙事中的口述传承：司马迁与樊他广和杨敞》，陕西省司马迁研究会/吕培成、徐卫民（编）：《司马迁与史记论集》（第七辑），西安：陕西人民出版社，2006 年，第 18—34 页。

袁传璋：《项羽所陷阴陵大泽考》，《学术月刊》2009 年第 3 期，第 115—121 页。

刘思祥、熊明涛：《“阴陵”在定远不应怀疑——与王贵华同志商榷》，《安徽史学》1988 年第 2 期，第 35 页。

泷川资言（编）：《史记会注考证》，北京：文学古籍刊行社，1955 年。

钱钟书：《管锥编》（一），北京：生活·读书·新知三联书店，2007 年。

李长之：《司马迁之人格与风格》，北京：生活·读书·新知三联书店，2013 年。

梁启超：《中国历史研究法》，北京：中华书局，2009 年。

高云萍：《伍子胥故事的历史演变》，《枣庄师范专科学校校报》2004 年第 1 期，第 73—76 页。

韩兆琦：《史记讲座》，桂林：广西师范大学出版社，2017 年。

班固：《汉书》，北京：中华书局，2007 年。

张大可：《〈史记〉导读十讲》，北京：人民出版社，2019 年。

鲁迅：《中国小说史略》，北京：人民文学出版社，1973 年。

孙宏亮：《弹起三弦定准音——陕北说书考察》，西安：陕西师范大学出版总社有限公司，2017 年。

申浩：　《雅韵留痕：评弹与都市》，北京：商务印书馆，2014 年。

亚里士多德：　《诗学》，陈中梅译，北京：商务印书馆，2012 年。

鲁迅：《汉文学史纲要》，北京：人民文学出版社，1973 年。

王国维：《宋元戏曲史》，北京：中华书局，2010 年。

中国戏剧家协会（编）：《梅兰芳演出剧本选集》，北京：中国戏剧出版社，1961 年。

新渡户稻造：《武士道》，朱可人译，杭州：浙江文艺出版社，2016 年。

吕思勉：　《吕著中国通史》，上海：华东师范大学出版社，2015 年。

齐秀强、李冰水：《官员问责制度化：现实困境与制度设计》，《云南行政学院学报》2009 年第 6 期，第 114—117 页。

陈文静：《我国行政问责客体困境实证研究》，《兰州学刊》2013 年第 4 期，第 208—210 页。张雨晨：《我国行政问责

制的现状及完善对策》，《中国管理信息化》2019 年第 1 期，
第 201—203 页。

刘泽华：《刘泽华全集·政治思想史论（一）》，天津：天津
人民出版社，2019 年。

李伯勋：《司马迁生卒年考辨——驳王国维"太史公系年考
略"》，《兰州大学学报》（社会科学版）1980 年第 1 期，第
76—85 页。

袁博诚：《再论司马迁之死——答李伯勋先生》，《宁夏师范学
报（社科版）》1968 年第 4 期，第 1—16 页。

魏明安：《"司马迁生卒年考辨"的考辨——考辨文章必须尊
重前人的成果》，《固原师专学报（社科版）》1986 年第 4
期，第 17—25、106 页。

赵生群：《司马迁生年及相关问题考辨》，《南京师大学报（社
会科学版）》2001 年第 4 期，第 145—149 页。

严进军：《郭沫若"太史公行年考有问题"之探讨》，2012 年 4
月 12 日，http：//blog．sina．com．cn/s/blog_a44626d00
10128ed．html，2018 年 3 月 12 日。

施丁：《中国史学之精华与传统》，北京：社科文献出版社，
2014 年。

吕思勉：《读史札记》，南京：译林出版社，2016 年。

梁启超：《要籍解题及其读法》，长沙：岳麓书社，2010 年。

钱穆：《国史大纲》，北京：商务印书馆，1996 年，"引论九"。

曹晋：《〈史记〉百年文学研究述评》，《文学评论》2000 年第 2
期，第 5—13 页。

梁建邦：《司马迁创作〈史记〉主旨的形成与升华》，《渭南师
范学院学报（综合版）》2010 年第 1 期，第 35、9 页。

吕思勉：《史学与史籍七种》，南京：译林出版社，2016 年。

陈国球：《文学如何成为知识？——文学批评、文学研究与文
学教育》，北京：生活·读书·新知三联书店，2013 年。

毛姆：《巨匠与杰作》，李锋译，上海：上海译文出版社，
　　2013 年。

郝理翰·巴斯科：《论辩学教程：论说与辩争的思维与方法》，
　　邓炘炘译，北京：清华大学出版社，2018 年。

陈亚军：《普特南：哲学不是一个有终解的话题》，《社会科学
　　报》2016 年 4 月 7 日，第 6 版。

王贵华：《项羽自刎乌江并非民间传闻——与计正山同志商
　　榷》，《安徽史学》1987 年第 1 期，第 36—39 页。

吴仰湘：《项羽自杀原因新探》，《晋阳学刊》1994 年第 3 期，
　　第 65—68 页。

叶永新：《也谈项羽乌江自刎原因——与吴仰湘同志商榷》，
　　《晋阳学刊》1995 年第 3 期，第 92—94 页。

董书冰：《浅探项羽自刎之地》，《安徽教育学院学报》1999 年
　　第 1 期，第 16—19 页。

吴雄：《对项羽乌江自刎的一种解读——小议"项王乃欲东渡
　　乌江"》，《龙岩师专学报》2000 年第 4 期，第 6—8 页。

程世来：《项羽"身死东城"，还是"自刎乌江"？——冯其庸
　　来安徽考察求证》，《新闻世界》2006 年第 1 期，第 49—
　　50 页。

可永雪：《劳而无功的"项羽不死于乌江考"》，《淮阴师范学
　　院学报》（哲学社会科学版）2008 年第 4 期，第 90—95 页。

熊明陶、吴爱华、石家红：《项羽东城突围地址究竟在哪
　　里？——兼与宁业高教授、王贵华先生商榷》，《文史知识》
　　2008 年第 6 期，第 142—146 页。

任荣：《"乌江自刎"故事源流析探》，《淮北职业技术学院学
　　报》2008 年第 6 期，第 32—34 页。

任荣：《项羽"乌江自刎"的史学和文学上的考辩——与冯其
　　庸先生商榷》，《安徽广播电视大学学报》2009 年第 2 期，

第 99—104 页。

周丁力：《项羽自刎乌江的三种解说》，《文学教育（下）》
　　2009 年第 12 期，第 103 页。

徐兴海：《项羽死于乌江应无疑义》，《渭南师范学院学报》
　　2009 年第 1 期，第 10—13 页。

张大可：项羽"乌江自刎"学术讨论综述》，《红河学院学
　　报》2009 年第 1 期，第 21—28 页。

汪受宽：《〈史记〉〈汉书〉项羽本传对读记——以项羽自刎地
　　点考释为中心》，《信阳师范学院学报》（哲学社会科学版）
　　2009 年第 1 期，第 17—23 页。

韩大强："项羽死于何地"研究综述》，《信阳师范学院学报》
　　（哲学社会科学版）2010 年第 2 期，第 142—147 页。

袁传璋："项羽不死于乌江考"研究方法平议》，《文史哲》
　　2010 年第 2 期，第 107—117 页。

张柏青、余恕诚：《项羽死于乌江辨》，《历史研究》2010 年第
　　2 期，第 179—188，192 页。

李广柏：《项羽身死之地的再论证》，《中国文化报》2011 年 2
　　月 25 日，第 3 版。

朱引玉：《项羽死地之争的研究以及对"身死东城"的解释》，
　　《巢湖学院学报》2012 年第 5 期，第 1—4 页。

胡中友：《项羽垓下溃围南逃乌江路线考——兼与冯其庸先生
　　商榷》，《江淮文史》2012 年第 2 期，第 124—138 页。

吴桂林、刘殊、金绪道：《项羽专题研究》，北京：中国文史
　　出版社，2015 年。

何东格：《再析项羽不死于乌江》，《发展》2016 年第 8 期，第
　　58—59 页。

徐日辉：《项羽"二十八骑"突围考》，《渭南师范学院学报》
　　2017 年第 9 期，第 52—56 页。

薛从军：《"项羽自刎乌江"文化论》，《渭南师范学院学报：

综合版》2018 年第 5 期，第 47—51 页。

郑晓明：《项羽垓下溃围至乌江自刎谜团解析》，《渭南师范学院学报：综合版》2019 年第 1 期，第 5—17 页。

Joseph Machlis，*The enjoyment of music*：*An introduction to perceptive listening*，New York：W. W. Norton & Company，1970. p. 7.

Stephen Keith McGrath and Stephen Jonathan Whitty，"Accountability and responsibility defined"，*International Journal of Managing Projects in Business*，Vol. 11 Issue 3，pp. 687 – 707，https：//doi. org/10. 1108/IJMPB-06-2017-0058，published on 17 April 2018.

附录:《史记·项羽本纪》及白话译文[1]

(楷体字的白话参考译文依次排在原文各段之后。)

项籍者,下相人也,字羽。初起时,年二十四。其季父项梁,梁父即楚将项燕,为秦将王翦所戮者也。项氏世世为楚将,封於项,故姓项氏。【项籍是下相(今江苏宿迁)人,字羽。开始起事时,他二十四岁。项籍的叔父是项梁,项梁的父亲是项燕,就是被秦将王翦所杀的那位楚国大将。项氏世代为楚国将军,被封在项地,所以姓项。】

项籍少时,学书不成,去学剑,又不成。项梁怒之。籍曰:"书足以记名姓而已。剑一人敌,不足学,

---

[1]《项羽本纪》原文来自司马迁:《史记》(一),北京:中华书局,1959 年,第 295—339 页。

学万人敌。"於是项梁乃教籍兵法，籍大喜，略知其意，又不肯竟学。项梁尝有栎阳逮，乃请蕲狱掾曹咎书抵栎阳狱掾司马欣，以故事得已。项梁杀人，与籍避仇於吴中。吴中贤士大夫皆出项梁下。每吴中有大繇役及丧，项梁常为主办，阴以兵法部勒宾客及子弟，以是知其能。秦始皇帝游会稽，渡浙江，梁与籍俱观。籍曰："彼可取而代也。"梁掩其口，曰："毋妄言，族矣。"梁以此奇籍。籍长八尺余，力能扛鼎，才气过人，虽吴中子弟皆已惮籍矣。【项籍年少时，曾学习念书识字，学一阵就不学了；去学剑术，也没有学成。项梁对他很生气。项籍却说："学会认字书写，不过能记姓名罢了；剑术，也只能敌一个人，不值得学。我要学习能敌万人的大本事。"于是项梁就教项籍兵法，项籍非常高兴，可是懂了一点儿兵法大意后，又不肯深入钻研。项梁曾经因罪案受牵连，被栎阳县逮捕入狱，他就请蕲县狱掾曹咎写了说情信给栎阳县狱掾司马欣，结果事情得以了结。后来项梁又杀了人，为了躲避仇人，他和项籍一起逃到吴中郡。吴中郡有才能的士大夫，本事都不及项梁。每当吴中郡有大规模的徭役或重大丧葬事宜时，项梁经常做主办人，并暗中用兵法组织和管理宾客和青年，借此知晓了他们的才能。秦始皇巡游会稽郡渡浙江时，项梁和项籍一块儿去观看。项籍说："那个人，我可以取代他!"项梁急忙捂住他的嘴,说:"别胡说,要灭族的!"项梁因此而知项籍志向不一般。项籍身高八尺有余,力大能举鼎,才气过人,就连吴中当地的年轻人也都惧怕他。】

秦二世元年七月,<u>陈涉</u>等起<u>大泽</u>中。其九月,<u>会稽</u>守通谓<u>梁</u>曰:"<u>江西</u>皆反,此亦天亡秦之时也。吾闻先即制人,后则为人所制。吾欲发兵,使公及<u>桓楚</u>将。"是时<u>桓楚</u>亡在泽中。<u>梁</u>曰:"<u>桓楚</u>亡,人莫知其处,独<u>籍</u>知之耳。"<u>梁</u>乃出,诫<u>籍</u>持剑居外待。<u>梁</u>复入,与守坐,曰:"请召<u>籍</u>,使受命召<u>桓楚</u>。"守曰:"诺。"<u>梁</u>召<u>籍</u>入。须臾,<u>梁</u>眴<u>籍</u>曰:"可行矣。"於是<u>籍</u>遂拔剑斩守头。<u>项梁</u>持守头,佩其印绶。门下大惊,扰乱,<u>籍</u>所击杀数十百人。一府中皆慑伏,莫敢起。<u>梁</u>乃召故所知豪吏,谕以所为起大事,遂举<u>吴中</u>兵。使人收下县,得精兵八千人。<u>梁</u>部署<u>吴中</u>豪杰为校尉、候、司马。有一人不得用,自言於<u>梁</u>。<u>梁</u>曰:"前时某丧使公主某事,不能办,以此不任用公。"众乃皆伏。於是<u>梁</u>为<u>会稽</u>守,<u>籍</u>为裨将,徇下县。【秦二世元年(前209)七月,陈涉等在大泽乡起义。当年九月,会稽郡守殷通对项梁说:"大江以西全都造反了,这是连上天都要灭亡秦朝的时机啊。我听说,先下手就能控制别人,落后一步就

213

要被人控制。我打算起兵反秦，让您和桓楚统领军队。"
当时桓楚逃匿在草泽之中。项梁说："桓楚逃亡在外，
谁都不知道他在哪里，只有项籍知道。"于是项梁出去
令项羽持剑在外面等候，然后又进来跟郡守殷通一起坐
下，说："请允许我把项籍叫进来，让他领命去召桓
楚。"郡守说："好。"项梁就把项籍叫进来。片刻后，
项梁给项籍使个眼色，说："可以行动了。"于是项籍拔
出剑来斩下了郡守的头。项梁手里提着郡守的头，身上
佩挂着郡守的官印走出来。郡守的手下见了大惊，一时
大乱，项籍打翻砍杀了近百人。整个郡府上下都吓得趴
倒在地，没人敢起来。项梁召集原先认识的豪强官吏，
向他们说明了反秦的道理，就此发动吴中之兵起事了。
项梁派人去接管吴中郡下属各县，共得精兵八千人。项
梁调派吴中豪杰人士，分别担任校尉、候、司马等职。
有一个人没有被任用，就来找项梁陈说。项梁说："前
些日子某家办丧事，我让你去做一件事，你没有办成，
所以不能任用你。"众人听了都很心服。于是项梁做了
会稽郡守，项籍为副将，巡行下属各县。】

　　广陵人召平於是为陈王徇广陵，未能下。闻陈王败
走，秦兵又且至，乃渡江矫陈王命，拜梁为楚王上柱
国。曰："江东已定，急引兵西击秦。"项梁乃以八千人

渡江而西。闻陈婴已下东阳，使使欲与连和俱西。陈婴者，故东阳令史，居县中，素信谨，称为长者。东阳少年杀其令，相聚数千人，欲置长，无适用，乃请陈婴。婴谢不能，遂彊立婴为长，县中从者得二万人。少年欲立婴便为王，异军苍头特起。陈婴母谓婴曰："自我为汝家妇，未尝闻汝先古之有贵者。今暴得大名，不祥。不如有所属，事成犹得封侯，事败易以亡，非世所指名也。"婴乃不敢为王。谓其军吏曰："项氏世世将家，有名於楚。今欲举大事，将非其人，不可。我倚名族，亡秦必矣。"於是众从其言，以兵属项梁。项梁渡淮，黥布、蒲将军亦以兵属焉。凡六七万人，军下邳。【此时，广陵人召平为陈王去巡行占领广陵，但广陵没有归服。召平听说陈王兵败退走，秦兵又快要到了，就渡过长江假托陈王的命令，拜项梁为楚王的上柱国。召平说："江东之地已经平定，赶快带兵西进攻秦。"项梁就带领八千人渡过长江向西进军。听说陈婴已经攻下了东阳，项梁就派使者去东阳，想要同陈婴合兵西进。陈婴，原先是东阳县管文书的令史，素来诚实谨慎，人们都说他是忠厚老实的人。东阳的年轻人杀了县令，聚集起数千人，想推举出一位首领，找不出合适人选，就来请陈婴。陈婴推辞说自己没有能力，他们就强行让陈婴当了首领，县中追随者总共有两万人。那帮年轻人打算索性

215

拥立陈婴为王，队伍以青巾裹头，以示为新起的义军。陈婴的母亲对陈婴说："自从我嫁入你们陈家，还从没听说你们家祖上有显贵之人，如今你突然有了这么大的名声，恐怕不祥。依我看，不如去投靠谁，若事成可以封侯，事败也易逃脱，因为你不是世人盯着关注的名人。"陈婴听了母亲的话，没敢做王。他对军吏们说："项氏世世代代做大将，在楚国是名门。现在我们要起义成大事，没有这样的人领头不行。我们依靠名门大族，灭亡秦朝就必定无疑了。"于是军众听从了他的话，队伍归属了项梁。项梁率军北渡淮河，黥布、蒲将军也率部归附项梁。这样（项梁）总共有了六七万人，驻扎在下邳。】

当是时，<u>秦嘉</u>已立<u>景驹</u>为<u>楚王</u>，军<u>彭城</u>东，欲距<u>项梁</u>。<u>项梁</u>谓军吏曰："<u>陈王</u>先首事，战不利，未闻所在。今<u>秦嘉</u>倍<u>陈王</u>而立<u>景驹</u>，逆无道。"乃进兵击<u>秦嘉</u>。<u>秦嘉</u>军败走，追之至<u>胡陵</u>。<u>嘉</u>还战一日，<u>嘉</u>死，军降。<u>景驹</u>走死<u>梁</u>地。<u>项梁</u>已并<u>秦嘉</u>军，军<u>胡陵</u>，将引军而西。<u>章邯</u>军至<u>栗</u>，<u>项梁</u>使别将<u>朱鸡石</u>、<u>馀樊君</u>与战。<u>馀樊君</u>死。<u>朱鸡石</u>军败，亡走<u>胡陵</u>。<u>项梁</u>乃引兵入<u>薛</u>，诛<u>鸡石</u>。<u>项梁</u>前使<u>项羽</u>别攻<u>襄城</u>，<u>襄城</u>坚守不下。已拔，皆阬之。还报<u>项梁</u>。<u>项梁</u>闻<u>陈王</u>定死，召诸别将会<u>薛</u>计事。此时沛公亦起沛，往焉。【这时候，秦嘉已经立景驹做了楚王，驻扎在彭城以东，想要阻挡项梁西进。项梁对将士们说："陈王最先起义，仗打得不顺利，不知道如今在什么地方。现在秦嘉背叛了陈王而立景驹为楚王，这是大逆不道。"于是进军攻打秦嘉。秦嘉的军队战败而逃，项梁率兵追击，直追到胡陵。秦嘉又回过头来与项梁交战，打一整天，秦嘉战死，部队投降。景驹逃跑到梁地，死在那里。项梁接收了秦嘉的部队，驻扎在胡陵，准备率军西进攻秦。秦将章邯率军到达栗县，项梁派别将朱鸡石、余樊君去迎战章邯。结果余樊君战死，朱鸡石战败，逃回胡陵。项梁于是率部进入薛县，杀了朱鸡石。在此之前，项梁派项羽另外率部攻打襄城，襄城坚守不降。等襄城攻下之后，项籍把城里军民全都坑杀了。然后回来向项梁复命。项梁听说陈王确实已死，就召集各路别将来薛县开会议事。此时，沛公已在沛县起事了，也应召前往薛县参会。】

居鄛人范增，年七十，素居家，好奇计，往说项梁曰："陈胜败固当。夫秦灭六国，楚最无罪。自怀王入秦不反，楚人怜之至今，故楚南公曰'楚虽三户，亡秦必楚'也。今陈胜首事，不立楚后而自立，其势不长。今君起江东，楚蜂午之将皆争附君者，以君世世楚将，

217

为能复立楚之后也。"於是项梁然其言，乃求楚怀王孙心民閒，为人牧羊，立以为楚怀王，从民所望也。陈婴为楚上柱国，封五县，与怀王都盱台。项梁自号为武信君。【居鄚人范增，七十岁了，一向家居不仕，喜好琢磨奇计，前来游说项梁说："陈胜本就该败。秦灭六国，楚最无辜。自楚怀王被骗入秦不返，楚国人至今还怜悯同情他；所以楚南公说'楚即使只剩三户人，灭秦的也一定是楚'。现今陈胜起事后，不立楚国后人却自立为王，势运定不长久。现在您在江东起事，楚国有那么多将士如众蜂飞舞，争相归附您，就是因为项氏世代做楚国大将，一定能再立楚国后代为王啊。"项梁认为范增的话有道理，就到民间寻找楚怀王的嫡孙熊心。此时的熊心给人家当放羊倌。项梁找到他以后，就袭用他祖父的谥号立他为楚怀王，以顺应楚国民众的愿望；并让陈婴做了楚国的上柱国，封给他五个县，辅佐怀王，建都在盱台（今盱眙）。项梁自己号称武信君。】

居数月，引兵攻亢父，与齐田荣、司马龙且军救东阿，大破秦军於东阿。田荣即引兵归，逐其王假。假亡走楚。假相田角亡走赵。角弟田閒故齐将，居赵不敢归。田荣立田儋子市为齐王。项梁已破东阿下军，遂追秦军。数使使趣齐兵，欲与俱西。田荣曰："楚杀田假，赵杀田角、田间，乃发兵。"项梁曰："田假为与国之王，穷来从我，不忍杀之。"赵亦不杀田角、田间以市於齐。齐遂不肯发兵助楚。项梁使沛公及项羽别攻城阳，屠之。西破秦军濮阳东，秦兵收入濮阳。沛公、项羽乃攻定陶。定陶未下，去，西略地至雝丘，大破秦军，斩李由。还攻外黄，外黄未下。【过了几个月，项梁率兵去攻打亢父（gāngfǔ）城，又和齐将田荣、司马龙且（jū）的军队一起去援救东阿，在东阿大败秦军。田荣随即率兵返回齐国，赶走了齐王假。假逃亡到楚国。假的相田角逃亡到赵国。田角的弟弟田间本是齐国大将，停留在赵国不敢回齐国。田荣立田儋（dān）的儿子田市为齐王。项梁击破东阿附近的秦军后，追击秦败军。他多次派使者催促齐国发兵，想与齐军合兵西进。田荣说："楚国杀掉田假，赵国杀掉田角、田间，我才出兵。"项梁说："田假是我们盟国的国王，陷入困境来投靠我，不忍心杀他。"赵国也不肯杀田角、田间来跟齐国做交换。于是齐国始终不发兵帮助楚军。项梁另派沛公和项羽去攻打城阳，屠戮了这个县。又挥军西进，在濮阳以东打败了秦军，秦收拾败兵退入濮阳城。沛公、项羽于是去攻定陶，没能打下来；后再向西进，一路攻城略地直至雍丘，大败秦军，斩杀了秦将李由。然后回军攻打外黄，没有攻下。】

项梁起东阿，西，比至定陶，再破秦军，项羽等又斩李由，益轻秦，有骄色。宋义乃谏项梁曰："战胜而将骄卒惰者败。今卒少惰矣，秦兵日益，臣为君畏之。"项梁弗听。乃使宋义使於齐。道遇齐使者高陵君显，曰："公将见武信君乎？"曰："然。"曰："臣论武信君军必败。公徐行即免死，疾行则及祸。"秦果悉起兵益章邯，击楚军，大破之定陶，项梁死。沛公、项羽去外黄攻陈留，陈留坚守不能下。沛公、项羽相与谋曰："今项梁军破，士卒恐。"乃与吕臣军俱引兵而东。吕臣军彭城东，项羽军彭城西，沛公军砀。【项梁自东阿出发，向西进军，等抵达定陶时，已经两次打败秦军，项羽等又杀了李由，就愈加轻视秦军，显露出骄傲情绪。宋义就规谏项梁说："打了胜仗，将领就骄傲，士卒就怠惰，这样的军队一定要吃败仗。如今士卒有点怠惰了，而秦兵日见增加，我替您担心啊！"项梁不听，打发宋义出使齐国。宋义在路上遇见了齐国使者高陵君显，问道："你是要去见武信君吧？"回答说："是的。"宋义说："依我看，武信君的军队必定要败。您要是慢点儿走，就可免死，要是走快了，就会赶上灾祸。"秦朝果然动员大量兵力来增援章邯发起攻击，在定陶大败楚军，项梁战死。沛公、项羽离开外黄去攻打陈留，但陈留坚守，攻不下来。沛公和项羽一块儿商量说："现在项梁军队新败，士卒惊恐。"于是就和吕臣的军队一起向东撤退。吕臣的军队驻扎在彭城东边，项羽的军队驻扎在彭城西边，沛公的军队驻扎在砀（dàng）县。】

章邯已破项梁军，则以为楚地兵不足忧，乃渡河击赵，大破之。当此时，赵歇为王，陈馀为将，张耳为相，皆走入巨鹿城。章邯令王离、涉间围巨鹿，章邯军其南，筑甬道而输之粟。陈馀为将，将卒数万人而军巨鹿之北，此所谓河北之军也。【章邯打败项梁军队以后，觉得楚地的敌军不足虑了，就渡过黄河北进攻赵，大败赵军。这时候，赵歇为王，陈余为大将，张耳为国相，都逃进了巨鹿城。章邯命令王离、涉间包围了巨鹿，自己率军驻扎在巨鹿南边，筑起通道给他们输送粮草。陈余作为赵国的大将，率领几万兵卒驻扎在巨鹿北边，这就是所谓的河北军。】

楚兵已破於定陶，怀王恐，从盱台之彭城，并项羽、吕臣军自将之。以吕臣为司徒，以其父吕青为令尹。以沛公为砀郡长，封为武安侯，将砀郡兵。【楚军在定陶战败后，怀王恐惧，从盱台前往彭城，合并了项羽、吕臣的军队，由他亲自统率；他任命吕臣为司徒，

吕臣的父亲吕青为令尹；任命沛公为砀郡长，封为武安侯，统率砀郡的军队。】

初，宋义所遇齐使者高陵君显在楚军，见楚王曰："宋义论武信君之军必败，居数日，军果败。兵未战而先见败征，此可谓知兵矣。"王召宋义与计事而大说之，因置以为上将军；项羽为鲁公，为次将，范增为末将，救赵。诸别将皆属宋义，号为卿子冠军。行至安阳，留四十六日不进。项羽曰："吾闻秦军围赵王巨鹿，疾引兵渡河，楚击其外，赵应其内，破秦军必矣。"宋义曰："不然。夫搏牛之虻不可以破虮虱。今秦攻赵，战胜则兵罢，我承其敝；不胜，则我引兵鼓行而西，必举秦矣。故不如先斗秦赵。夫被坚执锐，义不如公；坐而运策，公不如义。"因下令军中曰："猛如虎，狠如羊，贪如狼，强不可使者，皆斩之!"乃遣其子宋襄相齐，身送之至无盐，饮酒高会。天寒大雨，士卒冻饥。项羽曰："将戮力而攻秦，久留不行。今岁饥民贫，士卒食芋菽，军无见粮，乃饮酒高会，不引兵渡河因赵食，与赵并力攻秦，乃曰：'承其敝'。夫以秦之强，攻新造之赵，其势必举赵。赵举而秦强，何敝之承! 且国兵新破，王坐不安席，埽境内而专属於将军，国家安危，在此一举。今不恤士卒而徇其私，非社稷之臣!"项羽晨

222

朝上将军宋义，即其帐中斩宋义头，出令军中曰："宋义与齐谋反楚，楚王阴令羽诛之。"当是时，诸将皆慑服，莫敢枝梧，皆曰："首立楚者，将军家也。今将军诛乱。"乃相与共立羽为假上将军。使人追宋义子，及之齐，杀之。使桓楚报命於怀王。怀王因使项羽为上将军。当阳君、蒲将军皆属项羽。【先前，宋义在路上遇见的那位齐国使者高陵君显正在楚军中，他求见楚王说："宋义曾断定武信君的军队必败，没过几天，果然战败了。在军队还没开战时，就能预先看出失败的征兆，这可称得上是懂得用兵了。"楚怀王召来宋义，跟他商计军中大事后非常欣赏他，就任命他为上将军，封项羽为鲁公，任次将，范增任末将，统兵援救赵国。其他各路将领也都隶属宋义麾下，宋义号称卿子冠军。部队进发抵达安阳后，却停留了四十六天不再向前进。项羽对宋义说："我听说秦军把赵王围困在巨鹿城内，我们应该赶快率军渡河，楚军从外攻击，赵军在内接应，必定击破秦军。"宋义说："我认为并非如此。能叮咬大牛的牛虻，却伤不了小小的虮虱。如今秦攻赵，秦若胜，其士卒也会疲惫不堪，我们正好乘机；秦若不胜，我们率军擂鼓西进，一定能歼灭秦军。所以，现在不如先让秦、赵两方相斗。论披坚执锐上阵冲杀，我宋义比不上您；若论坐于军帐内运筹决策，您比不上我宋义。"

于是通令全军："猛如虎，狠如羊，贪如狼；凡倔强不听指挥者，一律斩杀。"又派儿子宋襄去齐国为相，亲自送到无盐，置备酒筵，大会宾客。当时天气寒冷，下着大雨，士卒一个个又冷又饿。项羽对将士说："我们大家是想齐心合力攻打秦军，他却久久停留不向前进。如今正赶上荒年，百姓贫困，将士们吃的是芋芳掺豆子，军中无存粮，他竟然置备酒筵，大会宾客，不率领部队渡河去从赵国取得粮食，跟赵合力攻秦，却说要'利用秦军的疲惫'。以秦国那样的强大军力去攻打刚刚建起的赵国，必定是秦破赵。赵国若被攻占，秦国就更加强大，根本没有可乘之机！再说，我军新败，怀王坐不安席，集中了境内全部兵卒粮饷交给上将军一个人，国家安危在此一举。可是上将军现在不体恤士卒，却派自己的儿子去当齐国相，谋求私利，不是以国家社稷为重之臣。"项羽借晨早参见上将军宋义之机，就在军帐中斩下他的人头；而后向全军发出命令："宋义和齐国同谋反楚，楚王密令我处决他。"当其时，众将领全畏服项羽，没人敢反抗，都说："最先把楚国扶立起来的，是项将军家。如今又是将军诛杀了叛乱之臣。"于是大家共同推立项羽为代理上将军。项羽派人去追赶宋义的儿子，在齐国境内追上，把他杀了。项羽又派桓楚去向怀王报告。楚怀王就让项羽做了上将军，当阳君、蒲将

军都归属项羽指挥。】

项羽已杀卿子冠军，威震楚国，名闻诸侯。乃遣当阳君、蒲将军将卒二万渡河，救巨鹿。战少利，陈馀复请兵。项羽乃悉引兵渡河，皆沉船，破釜甑，烧庐舍，持三日粮，以示士卒必死，无一还心。於是至则围王离，与秦军遇，九战，绝其甬道，大破之，杀苏角，虏王离。涉间不降楚，自烧杀。当是时，楚兵冠诸侯。诸侯军救巨鹿下者十余壁，莫敢纵兵。及楚击秦，诸将皆作壁上观。楚战士无不一以当十。楚兵呼声动天，诸侯军无不人人惴恐。於是已破秦军，项羽召见诸侯将，入辕门，无不膝行而前，莫敢仰视。项羽由是始为诸侯上将军，诸侯皆属焉。【项羽诛杀了卿子冠军宋义，威震楚国，名扬诸侯。他先派遣当阳君、蒲将军率领二万人渡过漳河，援救巨鹿。战斗取得些小进展，陈馀请求再增兵。于是项羽率领全部军队渡过漳河，把船只都沉掉，把造饭锅具全砸破，把军营烧毁，只带上三天的干粮，以此向士卒表示决死战斗、绝无退还之决心。部队抵达前线，就包围了王离，与秦军交战反复厮杀，切断了秦军粮草通道，大败秦兵，杀了苏角，俘虏了王离。涉间拒不降楚，自焚而死。此时，楚军气势镇住了各路诸侯。前来援救巨鹿的诸侯各军营垒共有十几座，没有

225

一个敢发兵出战。当楚军攻击秦军时，他们都只在营垒中观望。楚军战士无不一以当十，楚兵喊杀声震天，诸侯军人人战栗胆寒。项羽打败秦军后，召见诸侯各军将领，后者进楚营辕门时，个个跪地膝行向前，没人敢抬头仰视。自此，项羽真正成了诸侯中的上将军，各路诸侯都服从他。】

章邯军棘原，项羽军漳南，相持未战。秦军数却，二世使人让章邯。章邯恐，使长史欣请事。至咸阳，留司马门三日，赵高不见，有不信之心。长史欣恐，还走其军，不敢出故道。赵高果使人追之，不及。欣至军，报曰："赵高用事於中，下无可为者。今战能胜，高必疾妒吾功；战不能胜，不免於死。愿将军孰计之。"陈馀亦遗章邯书曰："白起为秦将，南征鄢郢，北坑马服，攻城略地，不可胜计，而竟赐死。蒙恬为秦将，北逐戎人，开榆中地数千里，竟斩阳周。何者？功多，秦不能尽封，因以法诛之。今将军为秦将三岁矣，所亡失以十万数，而诸侯并起滋益多。彼赵高素谀日久，今事急，亦恐二世诛之，故欲以法诛将军以塞责，使人更代将军以脱其祸。夫将军居外久，多内隙，有功亦诛，无功亦诛。且天之亡秦，无愚智皆知之。今将军内不能直谏，外为亡国将，孤特独立而欲常存，岂不哀哉！将军何不

226

还兵与诸侯为从，约共攻<u>秦</u>，分王其地，南面称孤；此孰与身伏斧质，妻子为戮乎？"<u>章邯</u>狐疑，阴使候始成使<u>项羽</u>，欲约。约未成，<u>项羽使蒲将军</u>日夜引兵渡<u>三户</u>，军<u>漳</u>南，与<u>秦</u>战，再破之。<u>项羽</u>悉引兵击<u>秦</u>军<u>汙水</u>上，大破之。【章邯的军队驻扎在棘原，项羽的军队驻扎在漳河南，两军对阵，相持未战。由于秦军屡屡退却，秦二世派人来责问章邯。章邯害怕了，派长史司马欣回朝廷去请示公事。司马欣到了咸阳，被滞留在宫外的司马门长达三天，赵高竟不接见，显示出不信任的意思。长史司马欣非常害怕，赶紧回奔棘原军中，都没敢顺原路回。赵高果然派人来追，没有追到。司马欣回到军中，向章邯报告说："赵高在朝中独揽大权，下面的人不可能有什么作为。如今仗若能打胜，赵高必定嫉妒我们的功劳；打不胜，我们更免不了一死。希望您认真考虑这情况！"这时，陈馀也给章邯写了封信，说："白起身为秦国大将，南征攻陷了楚都鄢郢，北征屠灭了马服君赵括的军队，打下的城池、夺取的土地，数也数不清，最后还是惨遭赐死。蒙恬也是秦国大将，北面赶跑了匈奴，在榆中开拓了几千里土地，最终也被杀害于阳周。什么原因呢？就是因为他们战功太多，秦朝廷不可能全都予以封赏，所以就用法律借口杀了他们。如今将军您做秦将已三年了，士卒伤亡损失以十万计，而各地诸侯並起，越来越多。那赵高素来阿谀奉承，时日已久，如今形势危急，也害怕秦二世杀他，所以想从法律上找藉口，杀了将军来推卸罪责，让别人来代替将军以免去他自己的灾祸。将军您在外日久，朝廷里跟您有嫌隙的人不少；有功也是被杀，无功也是被杀。而且，上天要灭秦，不论智愚，谁都明晓这一点。现在将军您在内不能直言进谏，在外已成亡国之将，孤自一人支撑局面，却还想长久维持，岂不可悲？将军您不如率兵掉转头与诸侯联合，约定共同攻秦，瓜分秦地，各自为王，南面称孤；这与身受刑诛，妻儿被杀相比，哪个上算呢？"章邯犹疑不决，秘密派军候始成，到项羽那里去，想要订立和约。约和还没成功，项羽就命令蒲将军的部队日夜不停地渡过三户津，在漳河之南扎营，与秦军开战，再次击败秦军。项羽率领全部军兵在汗水攻击秦军，把秦军打得大败。】

章邯使人见项羽，欲约。项羽召军吏谋曰："粮少，欲听其约。"军吏皆曰"善。"项羽乃与期洹水南殷墟上。已盟，章邯见项羽而流涕，为言赵高。项羽乃立章邯为雍王，置楚军中。使长史欣为上将军，将秦军为前行。【章邯又派人来求见项羽，想订和约。项羽召集军官和属吏商议："现在部队粮草不多，我想答应和他们

228

订约。"军吏们都说："好。"项羽就和章邯约好日期在洹（huán）水南岸的殷墟会晤。订完盟约，章邯面见项羽，禁不住流下眼泪。他向项羽讲述了赵高的种种劣行。项羽封章邯为雍王，留在项羽军中；任命司马欣为上将军，统率所部秦军担当先头部队。】

到新安。诸侯吏卒异时故徭使屯戍过秦中，秦中吏卒遇之多无状。及秦军降诸侯，诸侯吏卒乘胜多奴虏使之，轻折辱秦吏卒。秦吏卒多窃言曰："章将军等诈吾属降诸侯。今能入关破秦，大善；即不能，诸侯虏吾属而东，秦必尽诛吾父母妻子。"诸将微闻其计，以告项羽。项羽乃召黥布、蒲将军计曰："秦吏卒尚众，其心不服，至关中不听，事必危。不如击杀之，而独与章邯、长史欣、都尉翳入秦。"於是楚军夜击坑秦卒二十余万人新安城南。【部队到了新安。诸侯军官兵以前服徭役或驻屯戍边时曾经路过秦中，当时秦中官兵对待他们大多粗暴无理；现在秦兵投降了，许多诸侯军的官兵就借着得胜的威势，像对待奴隶般使唤他们，随意侮辱。秦军官兵很多人私下议论："章将军诓骗我们投降了诸侯军，如果能入关灭秦，最好；如果不能，诸侯军裹挟我们退往关东，秦朝廷必定会把我们父母妻儿全部杀掉。"诸侯军将领们暗中访知秦军官兵的这些议论，报告了项羽。项羽召集黥布、蒲将军商议道："秦军官兵人数相当多，他们心还不服，如果到了关中不听指挥，事情就危险了。不如把他们杀掉，只带章邯、长史司马欣、都尉董翳（yì）进入秦地。"于是楚军趁夜把秦军二十余万人击杀坑埋在新安城南。】

行略定秦地。函谷关有兵守关，不得入。又闻沛公已破咸阳，项羽大怒，使当阳君等击关，项羽遂入，至于戏西。沛公军霸上，未得与项羽相见。沛公左司马曹无伤使人言於项羽曰："沛公欲王关中，使子婴为相，珍宝尽有之。"项羽大怒，曰："旦日飨士卒，为击破沛公军！"当是时，项羽兵四十万，在新丰鸿门，沛公兵十万，在霸上；范增说项羽曰："沛公居山东时，贪於财货，好美姬。今入关，财物无所取，妇女无所幸，此其志不在小。吾令人望其气，皆为龙虎，成五采，此天子气也。急击勿失。"【项羽带兵西行，要去夺取秦关中之地。到了函谷关，有兵士把守，不得过。又听人说沛公已经攻下了咸阳。项羽非常生气，就派当阳君等攻打函谷关，这样项羽才进了关，来到戏水之西。当时，沛公率军驻在霸上，还没跟项羽相见。沛公的左司马曹无伤派人告诉项羽："沛公想在关中称王，让秦王子婴为相，珍奇宝物都占为己有了。"项羽大为愤怒，说："士辛明日饱餐，给我把刘邦的部队打垮!"当时，项羽有军兵四十万，驻扎在新丰鸿门；沛公有兵卒十万，驻扎在霸上。范增劝项羽说："沛公住在山东的时候，贪图财货，宠爱美女。现在进了关，什么财物都不取，一个美女也不亲近，这表明他的志向不小。我让人觇望他那边的气象，都呈龙虎之像，五彩斑斓，这是天子之气呀。希望您赶快进攻，勿失良机!"】

　　楚左尹项伯者，项羽季父也，素善留侯张良。张良是时从沛公，项伯乃夜驰之沛公军，私见张良，具告以事。欲呼张良与俱去，曰："毋从俱死也。"张良曰："臣为韩王送沛公，沛公今事有急，亡去不义，不可不语。"良乃入，具告沛公。沛公大惊，曰："为之奈何?"张良曰："谁为大王为此计者?"曰："鲰生说我曰：'距关，毋内诸侯，秦地可尽王也。'故听之。"良曰："料大王士卒足以当项王乎?"沛公默然，曰："固不如也，且为之奈何?"张良曰："请往谓项伯，言沛公不敢背项王也。"沛公曰："君安与项伯有故?"张良曰："秦时与臣游，项伯杀人，臣活之。今事有急，故幸来告良。"沛公曰："孰与君少长?"良曰："长於臣。"沛公曰："君为我呼入，吾得兄事之。"张良出，要项伯。项伯即入见沛公。沛公奉卮酒为寿，约为婚姻，曰："吾入关，

231

秋毫不敢有所近，籍吏民，封府库，而待将军。所以遣将守关者，备他盗之出入与非常也。日夜望将军至，岂敢反乎！愿伯具言臣之不敢倍德也。"项伯许诺，谓沛公曰："旦日不可不蚤自来谢项王。"沛公曰："诺。"於是项伯复夜去，至军中，具以沛公言报项王，因言曰："沛公不先破关中，公岂敢入乎？今人有大功而击之，不义也，不如因善遇之。"项王许诺。【楚国的左尹项伯，是项羽的叔父，一向跟留侯张良交好。张良这时正追随沛公，项伯就连夜驱马跑到沛公军中，私下见了张良，把事情全都告诉了他，想叫张良跟他一起离开。项伯说："不要跟沛公一块儿送死啊。"张良说："臣替韩王护送沛公，沛公如今情况危急，我若逃走太不义，不可不告知他。"张良于是进入军帐，把项伯的话全部告诉了沛公。沛公大为吃惊，说："这怎么办呢？"张良说："是谁给您出的这个派兵守关的主意？"沛公说："一个愚陋小人劝我说：'守住函谷关，不要让诸侯军进来，您就可以称王整个关中秦地了。'结果，我就听了他的话。"张良说："估计您的兵力敌得过项王吗？"沛公沉默不语，过了一会说："当然敌不过，那怎么办呢？"张良说："请让我前去告诉项伯，就说沛公是不敢背叛项王的。"沛公说："您怎么跟项伯有交情的？"张良说："秦朝还没垮台的时候，我们就有交往；项伯杀

232

了人，我设法免了他的死罪。如今情况危急，幸好有他来告诉我。"沛公说："你们两人谁的年龄大？"张良说："他比我大。"沛公说："您替我请他进来，我要像对待兄长一样侍奉他。"张良出去请项伯。项伯进来与沛公相见。沛公捧着酒杯，向项伯献酒祝寿，又定下了儿女婚姻。沛公说："我进入函谷关后，秋毫不敢犯，我登记了官民的户口，查封了各类仓库，只等着项将军到来。我所以遣将守关，是为了防备其他盗贼窜入和意外的变故。我们日夜盼着项将军到来，哪里敢谋反啊！希望您详细转告项将军，我绝不敢忘恩负义。"项伯答应了，对沛公说："明天可千万早点过来向项王道歉。"沛公说："一定。"于是项伯又乘夜离开，回到军中就把沛公的话一一报告了项王。接着又说："如果不是沛公先攻破关中，您怎么敢进关呢？如今人家有大功反而要攻打人家，这不符合道义，不如就此善待他。"项王同意了。】

沛公旦日从百余骑来见项王，至鸿门，谢曰："臣与将军戮力而攻秦，将军战河北，臣战河南，然不自意能先入关破秦，得复见将军於此。今者有小人之言，令将军与臣有郤。"项王曰："此沛公左司马曹无伤言之；不然，籍何以至此？"项王即日因留沛公与饮。项王、项伯东而坐，亚父南向坐。亚父者，范增也。沛公北向坐，张良西向侍。范增数目项王，举所佩玉玦以示之者三，项王默然不应。范增起，出召项庄，谓曰："君王为人不忍，若入前为寿，寿毕，请以剑舞，因击沛公於坐，杀之。不者，若属皆且为所虏。"庄则入为寿。寿毕，曰："君王与沛公饮，军中无以为乐，请以剑舞。"项王曰："诺。"项庄拔剑起舞，项伯亦拔剑起舞，常以身翼蔽沛公，庄不得击。於是张良至军门见樊哙，樊哙曰："今日之事何如？"良曰："甚急！今者项庄拔剑舞，其意常在沛公也。"哙曰："此迫矣，臣请入，与之同命。"哙即带剑拥盾入军门。交戟之卫士欲止不内，樊哙侧其盾以撞，卫士仆地，哙遂入，披帷西向立，瞋目视项王，头发上指，目眦尽裂。项王按剑而跽曰："客何为者？"张良曰："沛公之参乘樊哙者也。"项王曰："壮士！赐之卮酒。"则与斗卮酒。哙拜谢，起，立而饮之。项王曰："赐之彘肩。"则与一生彘肩。樊哙覆其盾於地，加彘肩上，拔剑切而啖之。项王曰："壮士，能复饮乎？"樊哙曰："臣死且不避，卮酒安足辞！夫秦王有虎狼之心，杀人如不能举，刑人如不恐胜，天下皆叛之。怀王与诸将约曰：'先破秦入咸阳者王之。'今沛公先破秦入咸阳，毫毛不敢有所近，封闭宫室，还军霸上，以待大王来。故遣将守关者，备他盗出入与非常也。劳苦而功高如此，未有封侯之赏，而听细说，欲诛有功之人，此亡<u>秦</u>之续耳，窃为大王不取也。"<u>项王</u>未有以应，曰："坐！"<u>樊哙</u>从<u>良</u>坐。坐须臾，<u>沛公</u>起如厕，因招<u>樊哙</u>出。【第二天一清早，沛公带着一百多名侍从和骑卫来见项王，到了鸿门后，向项王赔罪说："我跟将军合力攻秦，将军在河北作战，我在河南作战，并没想到我能先入关破秦，能够在这里又见到您。现在有小人说了坏话，令将军和我之间产生了嫌隙误解。"项王说："是沛公您的左司马曹无伤说的；不然，我怎么会这样呢。"项王当日就留沛公一起饮酒。项王、项伯面朝东坐，亚父面朝南坐。亚父，就是范增。沛公面朝北坐，张良面朝西陪侍。范增几次给项王递眼色，又好几次举起身上佩戴的玉饰向他示意，项王只是沉默，没有反应。范增起身出去，叫来项庄，对他说："君王为人心肠太软，你进去上前献酒祝寿，然后请允舞剑助兴，趁机刺击沛公，把他杀死在坐席上。不然的话，你们这班人都将成为人家的俘虏啦。"项庄进来，上前献酒祝寿。祝酒完毕，对项王说："君王和沛公饮酒，军营中没有什么可以供娱乐的，就让我来舞剑助兴吧。"项王说："那好。"项庄拔剑起舞，项伯也拔出剑跟着一起舞，并常常用身体掩护着沛公，令项庄没有办法刺击沛公。见此情景，张良走到军门，找来樊哙。樊哙问道："今天的事情怎么样？"张良说："很危急。现在项庄正在舞剑，他一直在打沛公的主意呀！"樊哙说："这么说太危险了，让我进去，跟沛公同死生。"樊哙就带着宝剑拿着盾牌往军门里闯。两卫士持戟交叉想挡住不让他进，樊哙侧过盾牌往前一撞，卫士们仆倒在地，樊哙遂得以闯入军门，挑开帷帐进入大帐，面朝西站定，睁圆眼睛怒视项王，头发根根竖起，眼角都要睁裂了。项王手按剑柄挺起身问："来客是干什么的？"张良说："是沛公的护卫樊哙。"项王说："真是位壮士。赐他一杯酒。"手下人递上一大杯酒。樊哙拜谢，挺身站着一饮而尽。项王说："赐他一只猪肘！"手下人递过来一整只猪肘。樊哙把盾牌反扣在地上，把猪肘放在上面，拔出剑来边切边吃。项王说："好一位壮士！还能再饮吗？"樊哙说："我遇死尚且不躲避，一杯酒又有什么可推辞的！那秦王有虎狼般狠心，杀人唯恐不多，施刑唯恐不用尽，天下人都叛离了他。怀王曾与诸将约定说：'谁先击破秦军进入咸阳，就让他在关中为王。'如今沛公先击败秦军进入咸阳，如毫毛般细小的财物都没敢动，封闭秦王宫室，把军队撤回到霸上，等待大王您的到来。之所以遣将把守函谷关，为的是防备其他盗贼窜入和意外的变故。沛公如此劳苦功高，没有得到封侯的赏赐，您反而听信小人谗言，要诛杀有功之人。这只能

236

是走秦朝灭亡的老路，我私下认为大王您不会采取这种做法！"一番话说得项王无言可对，只是说："坐！"樊哙挨着张良坐下。坐了一会儿，沛公起身上厕所，借机把樊哙叫了出来。】

　　沛公已出，项王使都尉陈平召沛公。沛公曰："今者出，未辞也，为之奈何？"樊哙曰："大行不顾细谨，大礼不辞小让。如今人方为刀俎，我为鱼肉，何辞为！"於是遂去。乃令张良留谢。良问曰："大王来何操？"曰："我持白璧一双，欲献项王；玉斗一双，欲与亚父。会其怒，不敢献。公为我献之。"张良曰："谨诺。"当是时，项王军在鸿门下，沛公军在霸上，相去四十里。沛公则置车骑，脱身独骑，与樊哙、夏侯婴、靳强、纪信等四人持剑盾步走。从郦山下，道芷阳间行。沛公谓张良曰："从此道至吾军，不过二十里耳。度我至军中，公乃入。"沛公已去，间至军中。张良入谢，曰："沛公不胜杯杓，不能辞。谨使臣良奉白璧一双，再拜献大王足下；玉斗一双，再拜奉大将军足下。"项王曰："沛公安在？"良曰："闻大王有意督过之，脱身独去，已至军矣。"项王则受璧，置之坐上。亚父受玉斗，置之地，拔剑撞而破之，曰："唉！竖子不足与谋。夺项王天下者，必沛公也。吾属今为之虏矣。"沛公至军，立诛杀曹无伤。【沛公出来后，项王曾派都尉陈平召唤沛公。沛公对樊哙说："现在我出来，还没有告辞，怎么办？"樊哙说："干大事不必顾及小节，讲大礼无须计较小让步。如今人家好比是刀子砧板，而我们好比是鱼和肉，还告辞什么！"于是决定就这样离去。沛公让张良留下向项王致歉。张良问："大王来时带了什么礼物？"沛公说："我带来白璧一双，准备献给项王；玉斗一对，准备献给亚父。正赶上他们发怒，没敢献上。您替我呈献吧。"张良说："遵命。"这个时候，项王部队驻扎在鸿门一带，沛公的部队驻扎在霸上，相距四十里。沛公撇下车马侍从，脱身逃走；他独自一人骑马，樊哙、夏侯婴、靳强、纪信等四人手持剑盾，在后面跟着跑，从骊山脚下，取道芷阳，抄小路走。沛公行前对张良说："从这条路到我们军营，不过二十里。估计我回到军营时，您就进去。"沛公等一行走了，抄小路回到军营，然后张良就进去道歉，说："沛公酒量不大，喝得多了点，不能当面跟大王告辞。谨让臣下张良捧上白璧一双，恭敬地献给大王足下；玉斗一对，恭敬地献给大将军足下。"项王问道："沛公在哪里？"张良答道："听说大王有意要责怪他，就独自脱身离开，现在已回到军营了。"项王接过白璧，放在坐席上。亚父接过玉斗，扔到地上，拔出剑来击碎了它，说："唉！这小子没法跟

他共谋大事。夺项王天下的，一定是沛公。我们这班人都要被他俘虏了！"沛公回到军中，立即杀了曹无伤。】

　　居数日，项羽引兵西屠咸阳，杀秦降王子婴，烧秦宫室，火三月不灭，收其货宝妇女而东。人或说项王曰："关中阻山河四塞，地肥饶，可都以霸。"项王见秦宫室皆以烧残破，又心怀思欲东归，曰："富贵不归故乡，如衣绣夜行，谁知之者！"说者曰："人言楚人沐猴而冠耳，果然。"项王闻之，烹说者。【过了几天，项羽率兵西进，屠戮咸阳城，杀了秦降王子婴，烧了秦朝宫殿园苑，大火烧了三个月都未熄灭；收掠了秦朝的财宝和妇女后，往东走了。有人劝项王说："关中这块地方，有山河为屏障，四方都有要塞，土地肥沃，可以建都成就霸业。"但项王看到秦朝宫室都被火烧得残破不堪，又思念家乡想着东归，就说："富贵不回故乡，就好像穿着锦绣衣裳在黑夜中行走，别人怎么知道呢？"那个劝项王的人说："人说楚国人就是猕猴戴帽子，徒具人模样罢了，果然如此。"项王知道了，就把那个人投到大锅里煮死了。】

　　项王使人致命怀王，怀王曰："如约。"乃尊怀王为义帝。项王欲自王，先王诸将相，谓曰："天下初发难

239

时，假立诸侯后以伐秦。然身被坚执锐首事，暴露於野三年，灭秦定天下者，皆将相诸君与之籍之力也。义帝虽无功，故当分其地而王之。"诸将皆曰："善！"乃分天下，立诸将为侯王。项王、范增疑沛公之有天下，业已讲解，又恶负约，恐诸侯叛之，乃阴谋曰："巴、蜀道险，秦之迁人皆居蜀。"乃曰："巴、蜀亦关中地也。"故立沛公为汉王，王巴、蜀、汉中，都南郑。而三分关中，王秦降将以距塞汉王。项王乃立章邯为雍王，王咸阳以西，都废丘。长史欣者，故为栎阳狱掾，尝有德於项梁；都尉董翳者，本劝章邯降楚。故立司马欣为塞王，王咸阳以东至河，都栎阳；立董翳为翟王，王上郡，都高奴。徙魏王豹为西魏王，王河东，都平阳。瑕丘申阳者，张耳嬖臣也，先下河南，迎楚河上，故立申阳为河南王，都洛阳。韩王成因故都，都阳翟。赵将司马卬定河内，数有功，故立卬为殷王，王河内，都朝歌。徙赵王歇为代王。赵相张耳素贤，又从入关，故立耳为常山王，王赵地，都襄国。当阳君黥布为楚将，常冠军，故立布为九江王，都六。鄱君吴芮率百越佐诸侯，又从入关，故立芮为衡山王，都邾。义帝柱国共敖将兵击南郡，功多，因立敖为临江王，都江陵。徙燕王韩广为辽东王。燕将臧荼从楚救赵，因从入关，故立荼为燕王，都蓟。徙齐王田市为胶东王。齐将田都从共救赵，因从入关，故立都为齐王，都临淄。故秦所灭齐王建孙田安，项羽方渡河救赵，田安下济北数城，引其兵降项羽，故立安为济北王，都博阳。田荣者，数负项梁，又不肯将兵从楚击秦，以故不封。成安君陈馀弃将印去，不从入关，然素闻其贤，有功於赵，闻其在南皮，故因环封三县。番君将梅鋗功多，故封十万户侯。项王自立为西楚霸王，王九郡，都彭城。【项王派人向怀王禀报破关入秦的情况。怀王说："就按以前约定的那样办。"项王乃尊怀王为义帝。项王欲自封为王，就先封手下诸将相为王。并对他们说："天下发动起义之初，暂时立诸侯的后代为王，为的是讨伐秦朝。然而身披铠甲，手持兵刃，带头起事，三年来风餐露宿，灭掉秦朝平定天下，都是众位将相和我项籍出力的结果。义帝虽说没有什么战功，但分给他土地让他做王，也是应该的。"诸将都说："行。"于是分封天下，立诸将为侯王。项王、范增原怀疑沛公有占据天下之心，然鸿门会面时，双方已经说开了；况且不愿背负违背当初约定的恶名，恐引发诸侯造反，就暗中谋划说："巴、蜀两郡道路险阻，秦朝流放的人都迁居蜀地。"又说："巴、蜀也算关中的地盘。"因此，就立沛公为汉王，统治巴、蜀、汉中之地，建都南郑。又把关中分为三块，封秦朝三名降将为王，以塞阻汉王东出之路。项王立章邯为雍王，统治咸阳以西地区，建都废丘。长史司马欣，以前是栎阳狱掾，曾经对项梁有恩；都尉董翳，当初曾劝章邯投降楚军。因此，立司马欣为塞王，统治咸阳以东到黄河的地区，建都栎阳；立董翳为翟（dí）王，统治上郡，建都高奴。改立魏王豹为西魏王，统治河东，建都平阳。瑕丘申阳，本是张耳宠幸的近臣，最先攻下河南郡，在黄河边接迎楚军，所以立申阳为河南王，建都洛阳。韩王成沿袭旧都，建都阳翟。赵将司马卬平定河内，屡有战功，因而立司马卬为殷王，统治河内，建都朝歌。改立赵王歇为代王。赵相张耳一向贤能，又跟随项羽入关，故立张耳为常山王，统治赵地，建都襄国。当阳君黥布是楚将，战功在楚将中居首位，故立黥布为九江王，建都六县。鄱君吴芮曾率百越将士协助诸侯军，又跟随项羽入关，故立吴芮为衡山王，建都邾县。义帝的柱国共（gōng）敖率兵攻打南郡，战功多，立共敖为临江王，建都江陵。改立燕王韩广为辽东王。燕将臧荼跟随楚军救赵，又随军入关，故立臧荼为燕王，建都蓟县。改立齐王田市为胶东王，齐将田都随楚军一起救赵，又随军入关，因此立田都为齐王，建都临淄。当初被秦朝灭亡的齐王建之孙田安，在项羽渡河救赵的时候，曾攻下济水之北的几座城池，率领他的军队归降了项羽，因此立田安为济北王，建都博阳。田荣数次有背

242

于项梁，又不肯率兵跟随楚军攻打秦军，因此不封。成安君陈余因与张耳抵牾，抛弃将印而去，也不跟随楚军入关；但他素有贤能声名，又对赵国有功，知道他身在南皮，就把南皮周边的三个县封给他。鄱君吴芮的部将梅鋗战功多，因此封他为十万户侯。项王自立为西楚霸王，统治九个郡，建都彭城。】

汉之元年四月，诸侯罢戏下，各就国。项王出之国，使人徙义帝，曰："古之帝者地方千里，必居上游。"乃使使徙义帝长沙郴县。趣义帝行，其群臣稍背叛之，乃阴令衡山、临江王击杀之江中。韩王成无军功，项王不使之国，与俱至彭城，废以为侯，已又杀之。臧荼之国，因逐韩广之辽东，广弗听，荼击杀广无终，并王其地。【汉元年（前206）四月，诸侯受封已毕，在大将军的旗帜下罢兵，分头前往各自的封国。项王东出函谷关，来到自己的封国后，派人去让义帝迁都，说："古帝王的居住地应该纵横各千里，而且一定要在河流的上游。"让使者把义帝迁到长沙郴县。使者催促义帝动身启程，左右群臣也渐渐叛离；项王暗中下令衡山王、临江王截杀义帝于大江之中。韩王成没有军功，项王不让他就封国，带他一起到了彭城，废为侯，不久又杀了他。臧荼到了封国，就驱赶韩广去辽东，韩

243

广不听从，臧荼在无终杀了他，把他的土地并为己有。】

田荣闻项羽徙齐王市胶东，而立齐将田都为齐王，乃大怒，不肯遣齐王之胶东，因以齐反，迎击田都。田都走楚。齐王市畏项王，乃亡之胶东就国。田荣怒，追击杀之即墨。荣因自立为齐王，而西杀击济北王田安，并王三齐。荣与彭越将军印，令反梁地。陈馀阴使张同、夏说说齐王田荣曰："项羽为天下宰，不平。今尽王故王於丑地，而王其群臣诸将善地，逐其故主赵王，乃北居代，馀以为不可。闻大王起兵，且不听不义，愿大王资馀兵，请以击常山，以复赵王，请以国为扞蔽。"齐王许之，因遣兵之赵。陈馀悉发三县兵，与齐并力击常山，大破之。张耳走归汉。陈馀迎故赵王歇於代，反之赵。赵王因立陈馀为代王。【田荣听说项羽改封齐王市到胶东，而立齐将田都为齐王，非常愤怒，不肯把齐王迁往胶东，索性占据齐地，起而反楚，迎头攻击田都。田都逃往楚国。齐王市害怕项王，偷偷向胶东逃去，奔往其封国。田荣大怒，派人追赶，将他杀死在即墨。田荣于是自立为齐王，向西进攻，杀死济北王田安，全部统领了三齐之地。田荣授彭越将军印，令他在梁地反楚。陈余私下派张同、夏说（yuè）说劝齐王田荣："项羽主持天下事，不公道。他把以前的诸侯王都

244

封在坏地方，把他自己的属臣诸将都封在好地方；驱逐了原来的君主赵王，把他往北迁到代地，我认为这样做是不合适的。听闻大王您已经起兵反楚，而且不听从项羽的不义之命；希望大王您接济我一部分兵力，让我去攻打常山，恢复赵王原有的地盘。我愿用我们的国土给你们齐国作屏障。"齐王田荣答应了，派遣军兵赴赵。陈余动员起三县全部兵力，跟齐军合力攻打常山，把常山王打得大败。张耳逃去归附汉王。陈余把故主赵王歇从代地接回赵国。赵王因此立陈余为代王。】

是时，<u>汉</u>还定<u>三秦</u>。<u>项羽</u>闻<u>汉王</u>皆已并<u>关中</u>，且东，<u>齐</u>、<u>赵</u>叛之：大怒。乃以故吴令<u>郑昌</u>为<u>韩王</u>，以距<u>汉</u>。令<u>萧公角</u>等击<u>彭越</u>。<u>彭越</u>败<u>萧公角</u>等。<u>汉</u>使<u>张良</u>徇<u>韩</u>，乃遗<u>项王</u>书曰："<u>汉王</u>失职，欲得<u>关中</u>，如约即<u>止</u>，不敢东。"又以<u>齐</u>、<u>梁</u>反书遗<u>项王</u>曰："<u>齐</u>欲与<u>赵</u>并灭<u>楚</u>。"<u>楚</u>以此故无西意，而北击<u>齐</u>。征兵<u>九江王布</u>。<u>布</u>称疾不往，使将将数千人行。<u>项王</u>由此怨<u>布</u>也。<u>汉</u>之二年冬，<u>项羽</u>遂北至<u>城阳</u>，<u>田荣</u>亦将兵会战。<u>田荣</u>不胜，走至<u>平原</u>，<u>平原</u>民杀之。遂北烧夷<u>齐</u>城郭室屋，皆阬<u>田荣</u>降卒，系虏其老弱妇女。徇<u>齐</u>至<u>北海</u>，多所残灭。<u>齐</u>人相聚而叛之。於是<u>田荣</u>弟<u>田横</u>收<u>齐</u>亡卒得数万人，反<u>城阳</u>。<u>项王</u>因留，连战未能下。【这时候，汉王已经率

245

军返回关中，平定了三秦。项羽听说汉王已经兼并了关中，将要东进；齐国，赵国又都背叛了自己，非常生气。于是任命前任的吴县令郑昌为韩王，抵抗汉军。又命令萧公角等人去攻打彭越，结果被彭越打败了。汉王派张良去夺取韩地，并给项王写了一封信，说："汉王因没得到如约应得的关中王封位，所以欲取得关中地盘；满足约定后，就立即停下来，不敢再往东进。"又把齐、梁二地的反叛书送给项王，说："齐国想要跟赵国一起灭掉楚国。"楚军因此放弃西进打算，转而向北去攻打齐国。项王向九江王黥布征调部队。黥布推托有病，不肯亲往，只派部将率领几千人前去。项王因此怨恨黥布。汉二年冬天，项羽率军向北抵达城阳，田荣也带领部队前来会战。结果田荣没赢，逃到平原，那里的乡民把他杀了。于是项羽北进，烧毁夷平了齐国的城廓房屋，全部活埋了投降的田荣士兵，掳掠了齐国的妇女和老幼。项羽夺取的齐地一直延伸到北海，所过之地大都一片残破。齐人聚集起来造项羽的反。此时，田荣的弟弟田横收拢逃散的齐军士卒，得到好几万人，在城阳造反了。项王因而滞留此地，但一连打了几仗都没拿下城阳。】

春，<u>汉王</u>部五诸侯兵，凡五十六万人，东伐<u>楚</u>。项

246

王闻之，即令诸将击齐，而自以精兵三万人南从鲁出胡陵。四月，汉皆已入彭城，收其货宝美人，日置酒高会。项王乃西从萧，晨击汉军而东，至彭城，日中，大破汉军。汉军皆走，相随入谷、泗水，杀汉卒十馀万人。汉卒皆南走山，楚又追击至灵璧东睢水上。汉军却，为楚所挤，多杀，汉卒十馀万人皆入睢水，睢水为之不流。围汉王三匝。於是大风从西北而起，折木发屋，扬沙石，窈冥昼晦，逢迎楚军。楚军大乱，坏散，而汉王乃得与数十骑遁去，欲过沛，收家室而西；楚亦使人追之沛，取汉王家；家皆亡，不与汉王相见。汉王道逢得孝惠、鲁元，乃载行。楚骑追汉王，汉王急，推堕孝惠、鲁元车下，滕公常下收载之。如是者三。曰："虽急不可以驱，奈何弃之?"於是遂得脱。求太公、吕后不相遇。审食其从太公、吕后闲行，求汉王，反遇楚军。楚军遂与归，报项王，项王常置军中。【这一年春天，汉王率领五个诸侯国的兵马，共五十六万人，向东进兵讨伐楚国。项王听到这个消息，就命令诸将攻打齐国，而他自己率领精兵三万人向南，从鲁县出胡陵。四月，汉军已全部进入彭城，掳掠那里的货物、财宝、美女和人员，每日摆酒筵宴。项王引兵自西从萧县出发，从早晨开始，一路向东攻打汉军，打到彭城，已是中午时分，把汉军打得大败。汉军四处逃散，前后拥挤掉进谷水、泗水，汉卒被杀了十多万人。汉兵向南逃入山地，楚军又追至灵壁东的睢水边。汉军后退，在楚军的追逼下，很多人被伤杀，汉军士卒十余万人掉进睢水，睢水因被堵塞而不流。楚军把汉王里外围了三层。正在这个时候，狂风从西北方向刮起，摧折树木，掀毁房舍，飞沙走石，天昏地暗，白天变成了黑夜，向着楚军迎面扑来。楚军大乱，队阵崩溃；如此，汉王才得以带领几十名骑兵逃走。汉王原打算从沛县经过时，接取家眷后向西逃；楚军也派人追到沛县，去抓捕汉王的家眷。可汉王家眷逃散了，没能跟汉王碰上面。汉王半路遇见了孝惠帝和鲁元公主，就把他们带上车一块儿跑。楚军骑兵紧紧追赶汉王，汉王觉得情况太危急，就把孝惠帝、鲁元公主推下车去，滕公夏侯婴就下车把他俩重新扶上车。这样推下扶上有好几次。滕公对汉王说："情况虽危急，马也不能赶得再快了，可是怎么能把他们扔下呢？"就这样，姐弟俩才得以脱险。到处寻找太公、吕后，都没找见。审食其（shěnyìjī）跟着太公、吕后抄小路走，也在寻找汉王，却偏偏碰上了楚军。楚军把他们带回，报告了项王。项王就把他们留置在军营中当作人质。】

  是时吕后兄周吕侯为汉将兵居下邑，汉王閒往从之，稍稍收其士卒。至荥阳，诸败军皆会，萧何亦发关中老弱未傅悉诣荥阳，复大振。楚起於彭城，常乘胜逐北，与汉战荥阳南京、索閒，汉败楚，楚以故不能过荥阳而西。【此时，吕后的哥哥周吕侯为汉王带兵驻守下邑，汉王抄小路去投奔他，渐渐聚拢起汉军溃散兵卒。到荥阳时，各路败军皆会集在此，萧何也把关中可用的老弱年幼人丁全部发到荥阳，汉军重又大振。楚军从彭城出发，一路上乘胜追击败逃的汉兵；可在荥阳南面的京邑、索邑之间与汉军战斗，汉军打败了楚军，结果楚军没能越过荥阳再向西推进。】

项王之救彭城，追汉王至荥阳，田横亦得收齐，立田荣子广为齐王。汉王之败彭城，诸侯皆复与楚而背汉。汉军荥阳，筑甬道属之河，以取敖仓粟。汉之三年，项王数侵夺汉甬道，汉王食乏，恐，请和，割荥阳以西为汉。【项王去援救彭城，追赶汉王到荥阳。此时田横也得以恢复了齐地，立田荣的儿子田广为齐王。汉王在彭城兵败，诸侯又都归附楚而背叛汉。汉军驻扎在荥阳，筑起通道和黄河南岸相连接，以获取敖仓的粮食。汉三年（前204），项王多次侵夺汉军的通道，汉王粮食匮乏，心里恐慌，请求讲和，条件是把荥阳以西的地盘划归汉王。】

项王欲听之。历阳侯范增曰："汉易与耳，今释弗取，后必悔之。"项王乃与范增急围荥阳。汉王患之，乃用陈平计间项王。项王使者来，为太牢具，举欲进之。见使者，详惊愕曰："吾以为亚父使者，乃反项王使者。"更持去，以恶食食项王使者。使者归报项王，项王乃疑范增与汉有私，稍夺之权。范增大怒，曰："天下事大定矣，君王自为之。愿赐骸骨归卒伍。"项王许之。行未至彭城，疽发背而死。【项王打算接受这个条件。历阳侯范增说："现在正是对付汉军的好时机，如果放过他们，日后必定后悔。"项王于是接受范增之议，即刻包围了荥阳。汉王很担忧，就用陈平的计策离间项王。项王的使者来了，汉王让人准备了特别丰盛的酒筵，端过来刚要进献，一见使者又装作惊愕的样子说道："我们以为是亚父的使者，没想到却是项王的使者。"然后把酒筵撤回，拿粗劣的饭食给项王的使者吃。使者回去向项王禀告，项王竟真的怀疑范增和汉王有私谋，渐渐剥夺了他的权力。范增非常气愤，说："天下事大局已定，君王您自己看着办吧。希望您恩准我这把老骨头回乡为民。"项王答应了他的请求。范增走了，还没走到彭城，就因背上毒疮发作而死。】

汉将纪信说汉王曰："事已急矣，请为王诳楚为王，王可以閒出。"於是汉王夜出女子荥阳东门被甲二千人，楚兵四面击之。纪信乘黄屋车，傅左纛，曰："城中食尽，汉王降。"楚军皆呼万岁。汉王亦与数十骑从城西门出，走成皋。项王见纪信，问："汉王安在?"曰："汉王已出矣。"项王烧杀纪信。【汉将纪信给汉王出主意说："事已危急，请让我假扮成您去诓骗楚兵，您可以趁机逃出。"于是汉王趁夜从荥阳东门放出二千名身披铠甲的女子，楚兵立即从四面围攻她们。纪信乘坐着天子黄屋车，车辕横木左方插着有毛羽装饰的旗帜，说：城中粮食吃尽，汉王来降。"楚军皆呼万岁。这时，汉王就和几十名骑兵从城西门逃出，跑到成皋。项王见到纪信，问道："汉王在哪儿?"纪信说："汉王已经出城了。"项王就把纪信活活烧死了。】

汉王使御史大夫周苛、枞公、魏豹守荥阳。周苛、枞公谋曰："反国之王，难与守城。"乃共杀魏豹。楚下荥阳城，生得周苛。项王谓周苛曰："为我将，我以公为上将军，封三万户。"周苛骂曰："若不趣降汉，汉今虏若，若非汉敌也。"项王怒，烹周苛，并杀枞公。【汉王派御史大夫周苛、枞公、魏豹把守荥阳。周苛、枞公两人谋议："魏豹是曾叛变过的国君，难以和他一块守城。"就联手杀了魏豹。楚军攻下荥阳城，活捉了周苛。项王对周苛说："给我当将领吧，我任命你为上将军，封你为三万户侯。"周苛骂道："若不赶快投降汉王，汉王立马就拿下你，你不是汉王的对手。"项王大怒，煮死了周苛，把枞公也一块儿杀了。】

汉王之出荥阳，南走宛、叶，得九江王布，行收兵，复入保成皋。汉之四年，项王进兵围成皋。汉王逃，独与滕公出成皋北门，渡河走脩武，从张耳、韩信军。诸将稍稍得出成皋，从汉王。楚遂拔成皋，欲西。汉使兵距之巩，令其不得西。【汉王逃出荥阳，向南跑到宛县、叶（shè）县，遇到九江王黥布，一路收拢士卒，重入成皋据守。汉四年（前203），项王进兵包围了城皋。汉王独自带着滕公逃出成皋北门，渡过黄河，逃向修武，去投靠张耳、韩信的部队。诸将也陆续逃出成皋，去追随汉王。楚军于是拿下成皋，打算向西进兵。汉王派兵在巩县阻拒，令楚军西进不得。】

是时，彭越渡河击楚东阿，杀楚将军薛公。项王乃自东击彭越。汉王得淮阴侯兵，欲渡河南。郑忠说汉王，乃止壁河内。使刘贾将兵佐彭越，烧楚积聚。项王东击破之，走彭越。汉王则引兵渡河，复取成皋，军广

252

武，就敖仓食。项王已定东海来，西，与汉俱临广武而军，相守数月。【此时，彭越渡过黄河，在东阿攻击楚军，杀了楚国将军薛公。项王于是亲自率兵东进攻打彭越。汉王得到淮阴侯的部队，想要渡黄河南进。郑忠劝阻汉王停止南进，在黄河北岸修筑营垒驻扎下来。汉王派刘贾率兵增援彭越，烧毁了楚军粮草辎重。项王东进，打败刘贾，赶跑了彭越。汉王这时就率部渡过黄河，重新占据了成皋，在广武扎营，就近获取敖仓的粮食。项王已平定了东边，现又回头向西进军，在广武与汉军隔着广武涧扎下大营。两军相持了好几个月。】

当此时，彭越数反梁地，绝楚粮食，项王患之。为高俎，置太公其上，告汉王曰："今不急下，吾烹太公。"汉王曰："吾与项羽俱北面受命怀王，曰'约为兄弟'，吾翁即若翁，必欲烹而翁，则幸分我一杯羹。"项王怒，欲杀之。项伯曰："天下事未可知，且为天下者不顾家，虽杀之无益，祗益祸耳。"项王从之。【正当此时，彭越屡在梁地造反，切断楚军粮食供应，项王深感头疼。他做了一张高脚几案，把汉王父亲太公置其上，告诉汉王说："你现在不马上投降，我就煮太公。"汉王答说："我和项羽共同受命于怀王，曾说'相约为兄弟'；如此说来，我父即你父。如你非要煮了你的老父，就请也分我一杯肉羹。"项王大怒，欲杀太公。项伯劝说："天下事还不知会怎样变化，况且要夺天下的人，是不顾及家人的，纵使杀了太公，也没什么益处，徒添祸患罢了。"项王听从了项伯的话。】

楚汉久相持未决，丁壮苦军旅，老弱罢转漕。项王谓汉王曰："天下匈匈数岁者，徒以吾两人耳，愿与汉王挑战决雌雄，毋徒苦天下之民父子为也。"汉王笑谢曰："吾宁斗智，不能斗力。"项王令壮士出挑战。汉有善骑射者楼烦，楚挑战三合，楼烦辄射杀之。项王大怒，乃自被甲持戟挑战。楼烦欲射之，项王瞋目叱之，楼烦目不敢视，手不敢发，遂走还入壁，不敢复出。汉王使人閒问之，乃项王也。汉王大惊。於是项王乃即汉王相与临广武閒而语。汉王数之，项王怒，欲一战。汉王不听，项王伏弩射中汉王。汉王伤，走入成皋。【楚、汉长久相持不分胜负，年轻兵丁厌倦了军旅之苦，老弱人员也因长期从事水陆运输而十分疲惫。项王对汉王说："天下纷乱好几年，只因我们两人之缘故。我愿和汉王单挑，决一雌雄，再不要牵连天下老少百姓受苦啦。"汉王笑着回绝说："我宁愿斗智，不能斗力。"项王让壮勇兵士出营挑战。汉军有善骑射的楼烦，楚兵挑战好几次，楼烦每次都把他们射死了。项王大怒，亲自

254

披甲持戟出营挑战。楼烦搭箭正要射，项王瞪大眼睛向他大吼一声，楼烦吓得眼睛不敢正视，两手不敢放箭，转身逃回营垒，不敢再出来。汉王派人暗中打听，才知道原来是项王。汉王大为吃惊。这时项王就向汉王那边靠近，两人隔着广武涧对话。汉王历数项王罪状，项王很生气，要和汉王决战，汉王不听。项王埋伏的弓箭手就放箭，射中了汉王。汉王受了伤，跑进成皋。】

　　项王闻淮阴侯已举河北，破齐、赵，且欲击楚，乃使龙且往击之。淮阴侯与战，骑将灌婴击之，大破楚军，杀龙且。韩信因自立为齐王。项王闻龙且军破，则恐，使盱台人武涉往说淮阴侯。淮阴侯弗听。是时，彭越复反，下梁地，绝楚粮。项王乃谓海春侯大司马曹咎等曰："谨守成皋，则汉欲挑战，慎勿与战，毋令得东而已。我十五日必诛彭越，定梁地，复从将军。"乃东，行击陈留、外黄。【项王听说淮阴侯韩信已经攻下了河北，打败了齐、赵两国，而且正准备向楚军进攻，就派龙且前去迎击。淮阴侯与龙且交战，汉骑将灌婴也参战，结果大败楚军，杀了龙且。韩信借机自立为齐王。项王得知龙且兵败，心里恐惧，派盱台人武涉前去游说淮阴侯，劝他联楚背汉。淮阴侯不听。这时，彭越又返回占据了梁地，断绝了楚军的粮食。项王对海春侯大司马曹咎等人说："你们小心守住成皋，汉军如挑战，切勿和他们交战，只要不让他们东进就行。十五天之内，我必诛杀彭越，平定梁地，回来与众将军会合。"于是带兵向东进发，沿途攻打陈留、外黄。】

外黄不下。数日，已降，项王怒，悉令男子年十五已上诣城东，欲阬之。外黄令舍人儿年十三，往说项王曰："彭越彊劫外黄，外黄恐，故且降，待大王。大王至，又皆阬之，百姓岂有归心？从此以东，梁地十馀城皆恐，莫肯下矣。"项王然其言，乃赦外黄当阬者。东至睢阳，闻之皆争下项王。【外黄起初抵抗，过了好几天才投降，项王很生气，命令把城里十五岁以上的男子全都带到城东去，打算活埋了他们。外黄县令门客的儿子十三岁，前去劝说项王："彭越强迫和威胁外黄，外黄人害怕，所以暂且归降，为的就是等待大王。如今大王来了，又要全部活埋他们，百姓哪儿还会有归附之心呢？从这里往东，梁地十几个城邑的百姓都会惊恐害怕，就没有人肯归附您了。"项王认为他的话很对，就赦免了那些将被活埋的人。项王东进抵达睢阳县，睢阳人听说后都争相归附项王。】

汉果数挑楚军战，楚军不出。使人辱之，五六日，

256

大司马怒，渡兵汜水。士卒半渡，汉击之，大破楚军，尽得楚国货赂。大司马咎、长史翳、塞王欣皆自刭汜水上。大司马咎者，故蕲狱掾，长史欣亦故栎阳狱吏，两人尝有德於项梁，是以项王信任之。当是时，项王在睢阳，闻海春侯军败，则引兵还。汉军方围钟离眜於荥阳东，项王至，汉军畏楚，尽走险阻。【汉军果然多次向楚军挑战，楚军坚守不出。汉军就派人去辱骂他们，一连五六天，大司马曹咎忍压不住怒火，派兵渡汜水。正当楚军半渡时，汉军发起攻击，大败楚军，缴获了楚军所有物资。大司马曹咎、长史董翳、塞王司马欣都自刎于汜水。大司马曹咎原是蕲县狱掾，司马欣也曾是栎阳狱吏，两人都对项梁有过恩德，所以项王很信任他们。此时项王在睢阳，听说海春侯兵败，就带兵往回赶。此时，汉军刚把楚将钟离眜围困在荥阳东边，项王赶到，汉军害怕，都逃进附近山区。】

是时，汉兵盛食多，项王兵罢食绝。汉遣陆贾说项王，请太公，项王弗听。汉王复使侯公往说项王，项王乃与汉约，中分天下，割鸿沟以西者为汉，鸿沟而东者为楚。项王许之，即归汉王父母妻子。军皆呼万岁。汉王乃封侯公为平国君。匿弗肯复见。曰："此天下辩士，所居倾国，故号为平国君。"项王已约，乃引兵解而东归。【这时，汉军士气高昂、粮草充足，而项王士卒疲惫、粮食告绝。汉王派陆贾去劝说项王，要求放回太公，项王不答应。汉王又派侯公去劝说项王，项王才跟汉王定约，平分天下，割鸿沟以西的地盘归汉，鸿沟以东的地方归楚。项王同意了这个和约，随即放归汉王父母妻儿。汉军官兵皆呼万岁。汉王于是封侯公为平国君，让他隐居，不愿再见他。汉王说："此人天下善辩之士，住在哪儿，就会使哪儿倾覆，故封他为平国君。"项王订约后，就罢战率兵东归了。】

　　汉欲西归，张良、陈平说曰："汉有天下太半，而诸侯皆附之。楚兵罢食尽，此天亡楚之时也，不如因其机而遂取之。今释弗击，此所谓'养虎自遗患'也。"汉王听之。汉五年，汉王乃追项王至阳夏南，止军，与淮阴侯韩信、建成侯彭越期会而击楚军。至固陵，而信、越之兵不会。楚击汉军，大破之。汉王复入壁，深堑而自守。谓张子房曰："诸侯不从约，为之奈何？"对曰："楚兵且破，信、越未有分地，其不至固宜。君王能与共分天下，今可立致也。即不能，事未可知也。君王能自陈以东傅海，尽与韩信；睢阳以北至谷城，以与彭越：使各自为战，则楚易败也。"汉王曰："善。"於是乃发使者告韩信、彭越曰："并力击楚。楚破，自陈

258

以东傅海与<u>齐王</u>，睢阳以北至<u>谷城</u>与<u>彭相国</u>。"使者至，<u>韩信</u>、<u>彭越</u>皆报曰："请今进兵。"<u>韩信</u>乃从<u>齐</u>往，<u>刘贾</u>军从<u>寿春</u>并行，屠<u>城父</u>，至<u>垓下</u>。大司马<u>周殷</u>叛<u>楚</u>，以<u>舒</u>屠<u>六</u>，举<u>九江</u>兵，随<u>刘贾</u>、<u>彭越</u>皆会<u>垓下</u>，诣<u>项王</u>。【汉王也想撤兵西归，张良、陈平劝他说："汉已据有大半天下，诸侯又都归附于汉。而楚军兵疲粮尽，这正是上天亡楚之时。不如索性趁此机会把它消灭。今如放走而不打，就是所谓的'养虎遗患'啊。"汉王听从了他们的建议。汉五年（前202），汉王追击项王到达阳夏南，部队驻停下来，并和淮阴侯韩信、建成侯彭越约定了合击楚军的日期。汉军抵达固陵，但韩信、彭越的部队却没来会合。楚军发起攻击，大破汉军。汉王只好重又退回营垒，掘深壕沟独自坚守。汉王问张良："诸侯不守约，怎么办呢？"张良答说："楚军快被打垮了，韩信和彭越却还没得到分封的地盘，所以，他们不来是很自然的。君王如能和他们共分天下，他们即刻就会前来；如果不能，未来就难预料了。君王如果能把从陈县以东到海滨一带的地盘给韩信，把睢阳以北到谷城的地盘给彭越；让他们各自为己而战，楚军就很容易被打败。"汉王说："行。"于是派出使者告诉韩信、彭越说："你们跟汉王合力击楚，打败楚军之后，从陈县往东直至海滨的地盘给齐王，睢阳以北至谷城的地方给彭相国。"见到使者后，韩信、彭越都上报说："请批准我们即可进兵。"于是韩信从齐国起行，刘贾的部队从寿春和他同时进发，屠戮了城父后，抵达垓下。大司马周殷叛楚，率舒县军兵屠戮了六县，动员起九江的全部兵力，随同刘贾、彭越会师于垓下，逼向项王。】

　　项王军壁垓下，兵少食尽，汉军及诸侯兵围之数重。夜闻汉军四面皆楚歌，项王乃大惊曰："汉皆已得楚乎？是何楚人之多也！"项王则夜起，饮帐中。有美人名虞，常幸从；骏马名骓，常骑之。於是项王乃悲歌忼慨，自为诗曰："力拔山兮气盖世，时不利兮骓不逝。骓不逝兮可奈何，虞兮虞兮奈若何！"歌数阕，美人和之。项王泣数行下，左右皆泣，莫能仰视。【项王在垓下修筑了营垒，但军中兵少粮尽，汉军及诸侯兵把他团团包围起来。夜深时分，传来四面汉军唱的楚地歌声，项王听到后大为吃惊，说："难道汉已经占领了全部楚地？楚人怎么这么多呢？"项王夜不能寐，起身在大帐中饮酒。项王有美人名虞，一直受宠随侍在侧；还有骏马名骓，一直骑乘。此刻的项王感触万端，不禁即席吟唱慷慨悲歌："力拔山兮气盖世，时不利兮骓不逝。骓不逝兮可奈何，虞兮虞兮奈若何！"项王一连唱了好几遍，虞姬唱和呼应。项王止不住泪水涟涟，近身侍从都

260

低头垂泪，没人敢抬起头来看他。】

　　於是项王乃上马骑，麾下壮士骑从者八百馀人，直夜溃围南出，驰走。平明，汉军乃觉之，令骑将灌婴以五千骑追之。项王渡淮，骑能属者百馀人耳。项王至阴陵，迷失道，问一田父，田父绐曰"左"。左，乃陷大泽中。以故汉追及之。项王乃复引兵而东，至东城，乃有二十八骑。汉骑追者数千人。项王自度不得脱。谓其骑曰："吾起兵至今八岁矣，身七十馀战，所当者破，所击者服，未尝败北，遂霸有天下。然今卒困於此，此天之亡我，非战之罪也。今日固决死，愿为诸君快战，必三胜之，为诸君溃围，斩将，刈旗，令诸君知天亡我，非战之罪也。"乃分其骑以为四队，四向。汉军围之数重。项王谓其骑曰："吾为公取彼一将。"令四面骑驰下，期山东为三处。於是项王大呼驰下，汉军皆披靡，遂斩汉一将。是时，赤泉侯为骑将，追项王，项王瞋目而叱之，赤泉侯人马俱惊，辟易数里。与其骑会为三处。汉军不知项王所在，乃分军为三，复围之。项王乃驰，复斩汉一都尉，杀数十百人，复聚其骑，亡其两骑耳。乃谓其骑曰："何如？"骑皆伏曰："如大王言。"

【于是，项王翻身上马，部下八百多骑卫跟随其后，趁夜突出重围，向南奔驰而逃。到天亮时，汉军才发觉。于

261

是汉王命令骑将灌婴带领五千骑兵去追赶。项王渡过了淮河，部下能跟上他的，就剩一百来人了。项王抵达阴陵地界，迷了路，向一老农夫询问，那农夫诓骗他说："往左。"项王带人向左走，结果陷入大沼泽地中。正因为此，汉兵才能追上他们。项王带着骑从折返回头重新向东走，进达东城。此时项王身边只剩下二十八人了。追上来的汉军骑兵有好几千人。项王估计自己不可能逃脱了，就对他的骑从说："我带兵起义至今已经八年，亲身经历七十多仗；凡抵挡我的敌人，都被我打垮，我所攻击的敌人，无不降服，从来没败过；因而能够称霸，据有天下。而今终被困于此，这是上天要灭亡我，决不是我作战失误。今日固当决心战死，我愿为诸位打场痛快仗，定能胜好几个回合，为诸位冲破重围，斩杀汉将，砍倒军旗，让诸君知道的确是上天要灭亡我，决不是我打仗不行。"于是，项王把骑从分成四队，面朝四个方向。汉军的包围有好几层。项王对骑从们说："我先替你们拿下一员汉将！"同时命令四面骑士驱马飞奔而下，约定冲到山的东边，分作三处集合。项王高声呼喊着冲了下去，汉军像风吹草伏般溃败，项王斩杀了一员汉将。当时，赤泉侯杨喜还是汉军骑将，在后面紧追项王，项王瞪大眼睛呵叱他，赤泉侯连人带马都被吓惊了，回退了好几里。项王与他的骑兵回合在三处。汉军不知项王在哪，就把队伍一分为三，再次包围上来。项王驱马奔驰，又斩了一名汉军都尉，杀死百八十人；复聚拢手下骑兵，仅损失了两个人。项王于是对手下骑从说："怎么样？"众骑从都敬服地说："正如大王所言。"】

　　於是项王乃欲东渡乌江。乌江亭长檥船待，谓项王曰："江东虽小，地方千里，众数十万人，亦足王也。愿大王急渡。今独臣有船，汉军至，无以渡。"项王笑曰："天之亡我，我何渡为！且籍与江东子弟八千人渡江而西，今无一人还，纵江东父兄怜而王我，我何面目见之？纵彼不言，籍独不愧於心乎？"乃谓亭长曰："吾知公长者。吾骑此马五岁，所当无敌，尝一日行千里，不忍杀之，以赐公。"乃令骑皆下马步行，持短兵接战。独籍所杀汉军数百人。项王身亦被十馀创。顾见汉骑司马吕马童，曰："若非吾故人乎？"马童面之，指王翳曰："此项王也。"项王乃曰："吾闻汉购我头千金，邑万户，吾为若德。"乃自刎而死。王翳取其头，馀骑相蹂践争项王，相杀者数十人。最其后，郎中骑杨喜，骑司马吕马童，郎中吕胜、杨武各得其一体。五人共会其体，皆是。故分其地为五：封吕马童为中水侯，封王翳为杜衍侯，封杨喜为赤泉侯，封杨武为吴防侯，封吕胜为涅阳侯。【于是项王想要东渡乌江。乌江亭长正停船

263

靠岸等在那里，对项王说："江东虽然小，但土地纵横千里，民众有几十万，也足可称王啦。望大王赶快渡过江去。现在只有我这条船，汉军到了，也没法渡过去。"项王笑了笑说："上天要灭亡我，我还渡江干什么！再说我和江东八千子弟渡江西征，今无一人生还；纵使江东父老兄弟怜爱我拥戴我为王，我又有何脸面见他们？纵使他们不说什么，我自己难道不愧于心吗？"于是对亭长说："我知道你是位忠厚长者，我骑这匹马征战了五年，所向无敌，曾经日行千里，我不忍心杀它，就把它送给你吧。"项王命令随行骑兵都下马步行，手持短兵器与追兵交战。仅项羽一人杀的汉军，就有几百人。项王身上也有十几处负伤。项王回头看见汉军骑司马吕马童，高声道："你不是我的老相识吗？"马童仔细打量后，指给王翳看，说："这就是项王。"项王接着说："我听说汉王用黄金千斤、封邑万户的奖赏买我人头，我就把这份人情送你吧！"说完，自刎而死。王翳取下项王的人头，其他汉军骑兵互相践踏争抢项王的躯体；因彼此争夺而被杀死的，有好几十人。最后，郎中骑将杨喜，骑司马吕马童，郎中吕胜、杨武各争得项羽的一块肢体。五人把各自所得残肢拼合起来，正好吻合。因此，项羽封地被分成了五份：吕马童受封为中水侯，王翳封为杜衍侯，杨喜为赤泉侯，杨武为吴防侯，

吕胜为涅阳侯。】

项王已死，楚地皆降汉，独鲁不下。汉乃引天下兵欲屠之，为其守礼义，为主死节，乃持项王头示鲁，鲁父兄乃降。始，楚怀王初封项籍为鲁公，及其死，鲁最后下，故以鲁公礼葬项王谷城。汉王为发哀，泣之而去。【项王已死，楚地全都降了汉，只有鲁县不降服。汉王领天下兵本打算屠戮鲁城，但考虑到他们恪守礼义，肯为其主死节，就让人拿项王的人头给鲁人看，鲁县父老乡众这才投降了。当初，楚怀王封项籍为鲁公，他死后，鲁县又是最后投降的；所以就依照鲁公这一封号的礼仪，葬项王于谷城。汉王给他发丧，还哭祭了一通后才离去。】

诸项氏枝属，汉王皆不诛。乃封项伯为射阳侯。桃侯、平皋侯、玄武侯皆项氏，赐姓刘。【对项氏宗族各枝旁属，汉王皆不杀戮。还封项伯为射阳侯。桃侯、平皋侯、玄武侯也都是项氏人，汉王赐他们姓刘。】

太史公曰：吾闻之周生曰"舜目盖重瞳子"，又闻项羽亦重瞳子。羽岂其苗裔邪？何兴之暴也！夫秦失其政，陈涉首难，豪杰蜂起，相与并争，不可胜数。然羽非有尺寸乘执，起陇亩之中，三年，遂将五诸侯灭秦，分裂天下，而封王侯，政由羽出，号为"霸王"，位虽不终，近古以来未尝有也。及羽背关怀楚，放逐义帝而自立，怨王侯叛己，难矣。自矜功伐，奋其私智而不师古。谓霸王之业，欲以力征经营天下。五年卒亡其国，身死东城，尚不觉寤而不自责，过矣。乃引"天亡我，非用兵之罪也"，岂不谬哉！【太史公评说：我听周生说舜的眼睛好像是两个瞳人儿，又听说项羽眼睛也是双瞳人儿。项羽难道是舜的后裔吗？若不然，他发迹怎么会那么突然！秦朝政失倾，陈涉首先发难，各路豪杰蜂起，你争我夺，数也数不清。然项羽并没有什么权柄资源可依仗，起于草根民间，只三年工夫，就率领齐、赵、韩、魏、燕五国诸侯灭掉了秦朝，裂分天下，封王封侯，政令全由项羽发出，自号"霸王"，其势位虽不久长，但近古以来像他那样的，还从来未见过。到项羽舍弃关中之地、因怀楚而都彭城、放逐义帝自立为王、抱怨诸王诸侯背叛他之时，事情就难了。他自恃自夸征伐之功，仅凭个人聪明，却不肯师古；以为霸王功业，就是凭靠武力来征伐异己和管理天下的。结果五年时间就亡了国，身死东城，仍不觉悟，也不自责，实在是错。而他还拿"天亡我，非用兵之罪"的话来开脱，岂不荒谬！】

266

图书在版编目（CIP）数据

司马迁与"项羽之死"/邓炘炘著. —上海：上海三联书店，
2024.7

ISBN 978-7-5426-8404-2

Ⅰ. ①司… Ⅱ. ①邓… Ⅲ. ①《史记》—研究②项羽
（前232—前202）—人物研究 Ⅳ. ①K204.2②K827＝33

中国国家版本馆 CIP 数据核字（2024）第 043662 号

司马迁与"项羽之死"

著　　者／邓炘炘

责任编辑／姚望星
装帧设计／徐　徐
监　　制／姚　军
责任校对／王凌霄

出版发行／上海三联书店
　　　　　（200041）中国上海市静安区威海路755号30楼
邮　　箱／sdxsanlian@sina.com
联系电话／编辑部：021-22895517
　　　　　发行部：021-22895559
印　　刷／上海盛通时代印刷有限公司

版　　次／2024年7月第1版
印　　次／2024年7月第1次印刷
开　　本／787mm×1092mm　1/32
字　　数／128千字
印　　张／8.75
书　　号／ISBN 978-7-5426-8404-2/K·766
审图号／GS（2023）577号
定　　价／58.00元

敬启读者，如发现本书有印装质量问题，请与印刷厂联系 021-37910000